JN423310

체육 교사의 좌충우돌 에듀테크 활용 수업 이야기

안형진

교육과학사

사실 나는 컴퓨터 전공자도 프로그래머도 아니다. 그렇다고 새로운 프로그램을 쉽게 익혀 모든 기능들을 자유자재로 활용할 수 있는 파워 유저도 아니다. 다만 디지털 영역에 관심과 호기심을 가지고 있고, 그것을 체육 수업에 적용해 보고 싶은 평범한 교사다. 나는 누구나 사용할 수 있는 것을 가지고도 각자의 환경과 사고의 틀 안에서 새로운 것을 경험하고 공유하는 것이 서로에게 창의적인 생각과 영감을 제공해 준다고 믿는다. 디지털 전문가는 아니지만 한 사람의 교육자이자 에듀테크 활용 수업 경험자로서 내가 경험한 디지털과 교육의 연결, 그로 인한 수업에서의 변화, 앞으로의 가능성 등을 공유하고 싶었다. 그런 공유를 통해 더 많은 선생님이 에듀테크와 수업의 긍정적 연결을 통해 학생들에게 행복하고 즐거운 배움에 대한 경험을 남겼으면 하는 마음을 담아서 이렇게 글을 쓰게 되었다.

나는 중등학교에서 체육을 가르치는 체육 교사다. 2009년 교직에 발을 딛게 되었고, 올해로 실 경력 14년차 교사의 삶을 살고 있다. 중학교와 고등학교에서만 근무를 하다가 우연한 기회로 지금은 경상북도교육청 상주학생수련원에서 학생들의 수련 활동을 기획하고 추진하는 업무를 맡고 있다.

작년까지 나는 인문계 고등학교에서 근무했었다. 남녀공학 고등학교에서 학생들에게 다양한 체육 수업을 시도하고 시행착오를 거치면서 수업에 대해 고민을 해오던 교사였다. 늘 부족하게 느껴지는 내 수업과 그로 인한 고민과 시도들이 있었지만, 특별히 2019년 불어닥

친 코로나 사태로 인해 나는 체육 수업 안에서 이전과는 다른 양상의 고민과 시도를 거듭하게 되었다. 전국에서 근무하고 있는 다수의 체육 교사들이 그랬겠지만, 2019년 이후로 체육 수업은 참 많은 변화를 겪었고 우리에게 번뇌의 대상이 되어버렸다.

그 시기에 전국의 체육 교사들이 위기 상황을 극복하기 위해 이전에 경험해보지 못한 새로운 시도를 하면서 체육 수업은 한 차례 혁신적인 도약을 이루었다. 물론 그 도약이 완벽하다거나 화려한 것은 아니었다. 다만 현실의 어려움에 순응하지 않고, 그 어려움을 극복하기 위해 작은 걸음을 내딛고, 실패가 뻔한 도전을 거듭했다는 것만으로도 충분히 혁신적이었고 큰 도약이었다. 위기 앞에서 멈춰 있지 않고 용기 있는 도전을 시도했던 전국의 체육 교사들에게 진심 어린 격려와 응원의 박수를 보내드리고 싶다. 모든 교과의 교사가 그랬을 테지만 체육 교사들에게는 유난히도 힘들고 어려웠던 3년 정도의 시간이 어느덧 흘러간 세월이 되어가고 있다. 이제 학교에서는 다시 체육대회가 이루어지고 학생들은 야영과 수학여행을 숙박형으로 가게 되었으며, 실내에서는 아직 마스크를 착용해야 하지만 야외에서는 희망한다면 마스크를 벗고서도 활동할 수 있는 자유를 얻게 되었다. 코로나라는 특수한 상황에 놓이면서 '에듀테크'라는 단어는 교육에서의 화두가 되었다. 기술과 교육이 결합하여 만들어진 에듀테크라는 단어가 교실 속으로 들어오면서 우리의 교실 풍경은 많은 변화를 겪었다. 그리고 우리는 다시 돌아가지 못할 강을 건넜다. 코로나 이전과 이후의 교육은 많은 차이를 드러내고 있다. 사회도 마찬가지다. 재택

근무에 익숙해진 직장인들은 직장으로의 출근을 거부하기도 하고, 심한 경우 더 자유로운 직장을 찾아 퇴직과 이직을 선택하기도 한다. 학교 안에서도 학생들이 새롭게 맞이한 상황에 적응하며 태블릿으로 강의를 듣고, 온라인으로 과제를 제출하는 것에 익숙해지고 있다. 체육 수업은 과연 과거로 돌아갈 수 있을까? 아마도 많은 체육 교사들이 코로나 이전 체육으로의 회귀를 소망할 것이라 생각한다. 나 또한 마찬가지다. 하지만 마냥 이전의 모습으로 머무를 수는 없을지도 모른다는 생각을 하게 된다. 많은 교과들이 새로운 교육의 흐름에 적응하기 위한 움직임을 보이고 있고, 교육의 방식이 기존의 아날로그에서 디지털로 급격하게 전환되고 있는 시점에서 체육 교과만 과거의 방식을 온전히 고수할 수 있을까? 아마도 기존의 본질은 지켜가야겠지만 그 운영 방식에 있어서는 시대적 흐름과 미래의 교육의 방향을 어느 정도 인정하고 따라가야 하지 않을까?

가재가 허물을 벗는 이유는 기존의 허물이 몸에 맞지 않기 때문이다.

변화는 현재의 상황으로는 존재하기 어렵기 때문에 우리가 택하게 되는 필연적인 것이다. 새로운 껍질을 가졌을 때 가재의 껍질은 말랑말랑하다. 시간이 지나고 영양분을 섭취하면서 점차 가재의 껍질은 단단해져 간다. 기존의 딱딱한 사고로는 변화에 성공할 수 없다. 변화를 위해서는 말랑말랑한 사고(발상의 전환)가 중요하다. 그리고 말랑말랑한 껍질을 지니고 외부의 위협에 처하는 위험한 시기를 감수하는 용기가 필요하다. 지금 우리가 놓인 상황도 갓 허물을 벗은 가재와 같은 상황은 아닐까?

이런저런 고민을 담아 조심스럽게 한 사람의 체육 교사로서 경험했던 에듀테크 활용에 관한 이야기를 꺼내 보고자 한다. 이 책은 디지털이나 에듀테크에 대한 전문가가 쓴 책이 아니라 교육 현장에서 에듀테크를 활용하면서 시행착오를 겪은 체육 교사가 느끼고 경험한 것들을 공유하기 위해 쓴 기록물이다. 제목에서 언급되듯이 좌충우돌 에듀테크를 활용해보면서 겪었던 체육 교사로서의 경험과 생각들을 모은 책이라고 보면 된다. 비록 정답을 알려주는 책은 아니지만, 체육 교사로서 수업에서 에듀테크를 활용하기 위해 고민하고 시도해 본 흔적들을 고스란히 담기 위해 노력했다. 책 안에 담을 수 없거나 이해를 돕기 위해 필요한 내용은 책 중간중간 QR코드를 통해 제공했다. 그리고 책을 시작으로 에듀테크에 관심을 가지신 선생님들과 함께하기 위한 소통의 공간도 책의 마지막 부분에 마련해 두었다. 부족한 내용이지만 책 속의 내용 중 어느 하나라도 선생님의 수업과 삶에 작은 아이디어로, 작은 도움으로 다가가기를 진심으로 소망한다.

책을 쓰기까지 많은 분들의 도움이 있었다. 수업에 대한 고민을 시작하게 해준 경상북도교육청 교실수업나눔교사단과 수석 선생님 및 장학사님, 구글을 시작으로 다양한 에듀테크를 통해 수업을 개선하는 모습을 보여준 GEG 경북의 멤버들, 코로나가 시작되자마자 한마음으로 뭉쳐 체육 수업의 위기를 극복하고자 했던 GEG P. E.의 체육 교사 멤버들, 미래를 그리며 체육 수업 개선을 위해 함께하고 있는 미인체육(미래인성체육교육) 동아리 회원들에게 감사한 마음을 전한다. 집필 과정에서 격려와 함께 큰 도움을 준 황두환 교수와 박애선 선생님, 교육과학사의 관계자분들께도 감사의 마음을 전한다. 그리고 체육 교사라는 존재로 교단에서 가르칠 수 있는 기회를 주고 늘 나를 존중하고 따라와 준 나의 자랑스러운 제자들에게도 감사의 마음을 전한다. 마지막으로 책을 집필하기까지 많은 시간은 이해해주고 응원해 준 사랑하는 아내와 아들 예준, 예하, 딸 예온이에게 감사의 마음을 전한다. 이 책을 읽는 선생님들의 수업과 삶에 행복이 늘 가득하기를 바란다.

2022년 12월 겨울 경상북도교육청 상주학생수련원에서

저자 안형진

추천사

이 책은 단순히 체육 교사의 좌충우돌 수업 이야기가 아니라 에듀테크를 활용하는 선생님들이라면 모두 한 번쯤은 읽어보아야 할 책이다. 단순히 자신이 사용하는 앱들을 나열해 사용 방법 정도를 설명한 책이 아니라 수업에 에듀테크가 왜 사용되는지, 어떤 평가 방법으로 연결되어 사용하였는지 등을 하나하나 일기장처럼 기록한 굵직한 경험 실용서이다. 더불어 책의 처음부터 끝까지 에듀테크 사용에 대한 무수한 고민과 시도 그리고 실패와 성공이 솔직담백하게 담겨 있다.

현 시대는 분필과 종이를 넘어 유비쿼터스 온라인 플랫폼으로 거의 대부분의 교수학습적 맥락과 소통이 실시간 이루어지고 있다. 이런 디지털 공유와 쌍방향 협업을 이뤄내야 할 학교 마당을 보다 효율적으로 발전시키는 가장 절실하고 확실한 촉매는 바로 교사의 다변화된 시도와 경험을 언어로 풀어낸 리얼 스토리라고 생각한다. 전 세계 선진 교육을 주도하는 IB 교육에서도 "True learning is an action!" 즉, 진정한 배움은 바로 활동이라고 정의하고 있다.

학습을 아이들의 활동으로 풀어내야 하는 체육 교사의 도전적이고 진솔한 고백을 녹여낸 텍스터가 대한민국 전역의 학교에서 어서 공명되길 바라며 진심으로 우리나라 교육자 모두에게 이 책을 추천하는 바이다.

– 정성윤, 대구중앙중학교(Google Reference School & IB MYP World School)
교장 & IB 코디네이터,
GEG 경북 초대 회장, 한국미래교육연구원(KFERS) 수석연구원

평소 어떻게 하면 아이들을 잘 가르칠까 고민하고 성장을 위해 애쓰셨던 안형진 선생님의 '체육 교사의 좌충우돌 에듀테크 활용 수업 이야기' 출판을 진심으로 축하드립니다. 체육 선생님으로서 현장의 경험을 바탕으로 만들어

진 책자라 선생님들께서 많이 활용하신다면 교육활동에 큰 도움을 줄 수 있는 소중한 저서가 될 것이라 생각하며 적극 추천드립니다.

－윤재덕, 경북 포항동성고등학교 교장, '온라인 수업 어떻게 할까?' 저자

저자는 수업 장면에서 학생들의 활동과 정서를 연관지어 학생 개개인의 책무에 따른 성과를 효율적으로 관리하는 시스템에 대하여 남다른 철학과 관심을 가지고 있는 것을 알고 있었다. 현장의 고민을 실천에 옮긴 제대로 된 에듀테크 현장 이야기를 읽으며 앞으로 우리나라 체육도 변화하는 시대에 다양한 플랫폼을 활용한 디지털 수업이 현장에 적용될 수 있다는 확신을 가지게 되었다. 이 책을 통하여 많은 체육 교사들이 블렌디드 상황에서 자유롭게 디지털 프로그램을 활용하여 학생들에게 많은 성취감과 보람을 줄 수 있기를 바란다.

－윤정기, 안동고등학교 수석교사

10년이 넘은 교직 생활에도 수업 준비에 초조하고, 며칠 밤을 지새우고도 학생들에게 최고의 것을 주지 못해 미안한 마음을 느끼는 한 체육 교사의 고민과 노력을 엿볼 수 있었다. 투박한 문체이지만 자신의 이야기를 들려주고 함께 교사로 성장해 나가자고 손 내미는 저자의 요청에 교육자로서 나는 무엇을 함께 할 수 있을까를 고민하게 된다. 활기찬 교실, 학생들의 웃음, 행복한 배움을 그리는 교사들에게 좋은 참조물이 되기를 바라며 이 책을 추천한다.

－황두환, 경북대학교 교육혁신본부 학습지원센터 연구교수,
교육학박사(교육공학 전공)

오랜 시간을 옆에서 지켜본 안형진 선생님은 삶과 교육을 하나로 생각하는 사람입니다. 삶의 과정에서 행복을 추구하는 안형진 선생님의 교육철학이 훌

륭한 마중물로 나오게 된 것을 진심으로 축하합니다. 체육과 에듀테크는 서로 동떨어진 것 같지만 진심이라는 다리를 통해 두 가지가 연결되면 멋진 변화가 일어난다는 걸 이 책을 통해 배울 수 있을 겁니다.

－이성남, 영천교육지원청 장학사

2018년 여름. 구글 화상 연결. 이것이 안형진 선생님과의 첫 만남이었고 이야기의 주제는 에듀테크였다. 이때부터 우리는 에듀테크 활용 수업 아이디어를 수없이 나누고, 전국의 체육 교사들과 에듀테크를 통한 공유-연결-협력의 가치를 전파해왔다.

이 책은 학교 현장의 한 체육 교사가 에듀테크를 수업에 도입하게 된 계기부터 에듀테크 활용 수업에 대한 두려움, 고민, 해결방안이 모두 들어있다. 에듀테크 활용 수업은 '선택'의 문제가 아니라 '시기'의 문제다. 이 책이 그 시기를 앞당겨 줄 것이다.

－서광석, 경기 포천 이동중학교 체육 교사,
2020에듀테크미래교육연구회 회장,
현 GEG(Google Educator Group) South Korea Leader

성실의 힘을 믿는 안형진 선생님!

선생님의 교육철학에 맞게 준비하신 모든 교육 활동들이 학생들에게 의미있는 수업과 활동으로 기억될 것이라 믿습니다. 누구나 생각할 수 있는 내용을 선생님만의 방식으로 수업하시는 것을 보며 항상 영감을 받고 있습니다. 이 책을 읽으시는 많은 체육 선생님들께도 좋은 영향력이 전파되길 바라며 이 책을 추천드립니다!

－남택수, 강원 원주여자고등학교 체육 교사

포스트 팬데믹을 맞이하고 있는 지금, 호기심 많은 한 체육 교사의 에듀테크와의 고군분투기를 접하게 되었다. 같은 곳을 바라보며 같은 고민을 하고 같이 성장하던 그의 이야기에 그간의 노력과 많은 고민 등을 읽어낼 수 있었다. 이 책은 특정 에듀테크의 매뉴얼을 상세히 설명하는 도구적 관점을 벗어나 실제 평범한 체육 교사의 사례를 통해 어느 누구라도 바로 수업에 적용할 수 있도록 안내하고 있다. 책을 읽어 내려가다 보면 저자의 응원이 나즈막히 들리는 것 같다! "우리 같이 해봐요! 저도 이렇게 하고 있는걸요!"

－김종석, 경기 신장고등학교 체육 교사, 2021학교체육대상(에듀테크 적용 부문)

안형진 선생님의 체육 수업은 순례길을 떠올리게 한다. 저마다의 방향과 속도, 그리고 도착지마저 다르지만 길의 끝에서 우리 모두 한 뼘은 성장해있으리라는 믿음이 있는 것과 같이 말이다. 학교 현장에서 저마다의 성장을 꿈꾸는 체육 교사들 모두 안형진 선생님의 수업 길을 함께 걸어보길 추천한다. 결국 우리 모두는 책의 끝에서 새로운 배움을 만날 수 있을 것이라 굳게 믿기에.

－김동호, 경기 보평중학교 체육 교사, 2021학교체육대상(에듀테크 적용 부문)

저는 책에 나온 체육 수업과 체대입시반 활동에 참여한 학생입니다. 고등학교 시절에 안형진 선생님과 다양한 에듀테크 활용 체육 수업을 경험하면서 즐겁게 수업에 참여할 수 있었고, 체육대학 입시 준비를 하며 실력도 키우고, 좋은 추억도 쌓을 수 있었습니다. 대학교에서도 에듀테크를 활용한 수업이 있으면 자신 있게 참여하고 있습니다. 선생님과 함께한 수업 덕분에 많은 것을 경험했고, 많은 것을 배웠습니다. 이 책은 그 과정을 담은 기록물입니다.

－조성연, 경북 율곡고등학교 졸업생, 영남대학교 체육학부

차 례

Ⅲ 체육 교사에게 도움을 주는 에듀테크

Ⅳ 수업과 업무 준비를 위한 에듀테크 활용 팁!

V 활용 방법에 따른 앱 및 웹 프로그램 소개

I

나의 체육 수업과 에듀테크

한 대의 태블릿으로부터 시작된 에듀테크 활용 체육 수업

내가 좋아하는 것이 내가 해야만 하는 것과 연결될 때

과정중심평가와 체육 수업, 그리고 에듀테크

온 · 오프라인 연계 체육 수업은 왜 어려울까?

체육 수업에서 겪게 되는 학생들의 정서와 기억

에듀테크로 학생들의 정서를 어루만지기

코로나19 이후의 체육 수업이 맞은 위기와 기회, 그리고 에듀테크

한 대의 태블릿으로부터 시작된 에듀테크 활용 체육 수업

[2014년도에 처음 구매한 태블릿]

사진 속 태블릿은 내가 처음 사비를 주고 산 태블릿이다. 아마도 2014년 정도에 구매한 걸로 기억한다. 제품명은 갤럭시 노트 8.0이고 와이파이 버전, 용량은 16GB다. 스카우트에서 학생들과 함께 에버랜드로 캠프를 갔다가 행사 중인 제품을 발견하고 펜이 포함된 태블릿이라는 것에 호기심을 느껴 고민 끝에 구매한 제품이다. 처음에는 이 태블릿 하나가 나에게 많은 변화를 가져올 것이라고는 생각하지 못했다. 세월이 흐르고 보니 그때 처음 이 제품을 구매하고 사용하면서부터 에듀테크에 대한 내 관심과 시도들이 시작되었음을 알게 되었다. 아이폰의 등장 이후 다양한 스마트폰들이 나오면서 서서히 스마트폰을 사용하는 사람들이 많아지게 되었고, 자연스럽게 과거의 2G폰 보다는 카메라 성능이나 다양한 앱을 활용할 수 있는 스마트폰을 활용함으로써 일상에서 할 수 있는 일들이 많아졌다. 전화와 문자 중심의 휴대전화가 사진을 찍고, 일상을 기록하며, 게임을 즐기는 움직이는 컴퓨터의 역할을 더하게 되면서 사람들은 스마트폰을 다양한 영역에서 활용하기 위한 시도를 하기 시작했다. 나 또한 수업과 업무에서, 그리고 일상에서 스마트폰을 활용해서 일상의 수업을 사진과 영상으로 남기고, 글로 남기고, SNS로 학생들과 소통하면서 새로운 시대의 체육 수업을 경험해 나가게 되었다. 그런 변화에 남들보다 호기심을 크게 느꼈고, 무언가 새로운 기능들을 더 활용해보고 싶은 욕구에 이런저런 스마트 기기에 대한 정보를 찾아보기도 하고, 새로운 기기를 사서 경험해보기도 하면서 디지털에 대한 친밀감을 키우기 시작했다. 스마트폰을 활용해서 학생들과의 수업과 학교에서의 일상들을 찍고, 글과 함께 기록하는 재미로 하루하루를 살았던 것 같다.

2015년, 두 번째 태블릿인 아이패드 6세대를 샀다. 수업 연구 교사를 신청하고 수업에 대해 고민하다가 수업에 활용할 수 있는 스마트 디바이스의 필요성을 느꼈고, 아이패드 6세대를 구매했다. 저렴한 모델을 살까 하다가 큰맘 먹고 LTE에 128GB 모델을 샀고, 애플펜슬까지 함께 구매했다. 내 나름대로는 큰돈을 들여 새로운 기기를 사니 어떻게든 잘 활용해야겠다는 생각에 이런저런 기능들을 익히기 시작했다.

아이패드와 큰 TV 모니터, 미러링 장비를 활용해 프레젠테이션으로 이론을 가르치기도 하고, 함께 수업했던 영상들을 학생들에게 보여주면서 피드백을 제공해 주기도 하면서 본전(?)을 찾았다는 자기 합리화로 만족감을 느끼며 디지털 도구를 활용한 수업을 하기 시작했다. 이후 연수나 연구회 활동에 참여하면서 필기를 태블릿에 하는 습관을 들이게 되었고, 디지털로 무언가를 저장하고 관리한다는 것이 얼마나 편리한지를 새삼 깨닫게 되었다.

2018년, 교사 연수에 참여하면서 본격적으로 에듀테크에 눈을 뜨게 되었다. 2018년 여름, 정확히 말하면 2018년 8월 7일부터 8일, 이틀이었다. 교사 연수에서 구글 툴을 활용한 수업과 업무에 관한 연수를 듣게 되었다. 구글 클래스룸을 기반으로 구글에서 제공되는 다양한 협업 툴을 사용하는 방법에 대한 연수였는데, 연수 장소에 설치되어 있는 데스크탑과 내 개인 아이패드를 활용해서 강의 내용을 놓치지 않고 들으려고 무진장 애를 썼던 기억이 난다. 이날 연수를 통해서 실시간으로 타인과 협업을 하는 것의 중요성과 효과에 대해 깨달았고, 당장에 수업에 써먹어야겠다는 욕심이 생겼다. 이전부터 구글 툴을 활용하기는 했었지만, 수업에 적극적으로 활용한다기보다는 개인적인 수업 내용 기록과 사진 및 영상의 저장 용도로만 사용했었다. 연수 이후에 구글 클래스룸이라는 가상의 온라인 교실 안에서 다양한 협업 도구들이 학생들을 서로 협력하게 만들고 창조적인 결과물들을 만들어낼 수 있다는 것이 무척 놀랍고 혁신적으로 느껴졌다. 체육 수업 안에서도 이런 편리한 디지털 도구들을 활용해서 충분히 많은 것을 학생들에게 경험시켜 줄 수 있을 것이라는 기대감도 생겼다. 들뜬 마음에 집으로 돌아와서는 노트북을 켜고 구글 클래스룸을 개설했다. 그리고 학생들에게 전하는 첫 메시지를 적었다. 그때부터 에듀테크를 활용한 나의 체육 수업이 시작되었다.

내가 좋아하는 것이 내가 해야만 하는 것과 연결될 때

삶에는 해야만 하는 것과 잘할 수 있는 것, 그리고 하고 싶은 것이 있다. 일반적으로 우리는 해야만 하는 것에 많은 시간을 쓸 수밖에 없는 구조 속에서 살아가고 있다. 우리의 직업이 해야만 하는 일들로 구성된 경우가 많기 때문일 것이다. 해야만 하는 일이 우리가 잘할 수 있거나 좋아하는 일이라면 참 좋겠지만, 잘할 수 없거나 하기 싫은 일이라면 우리는 많은 스트레스를 안고 그것들을 해나갈 수밖에 없다.

나는 어릴 때부터 기기에 대해 관심이 많았다. 전자기기를 새로 사면 설명서를 다 읽어보고 기능들을 익혀보는 게 무척 재미있었다. 내가 작동시키는 방식에 따라 기기가 특정 동작을 수행할 때마다 왠지 모를 뿌듯함이나 성취감을 느꼈던 것 같다. 체육 교사가 되어서도 기기에 대한 관심이 많았고, 체육 수업에 다양한 기기들을 활용해보면서 즐거움을 느꼈다. 체육 교사라는 직업을 가지고 살면서 내가 관심을 가지고 좋아하는 기기를 활용하는 것은, 나에게는 해야만 하는 일을 즐겁게 할 수 있는 계기가 되었다. 꾸준히 수업에 기기를 활용하는 과정을 거듭하면서 전문가까지는 아니지만 내 수업과 업무에서 어느 정도는 기기를 익숙하게 다룰 수 있게 된 것 같다.

자신이 좋아하는 일에 몰입하는 것들을 요즘 세대들은 '덕질'이라고 표현하는데 이런 덕질을 하다가 그 분야를 자신의 업으로 삼으면 '덕업일치'가 되고, 덕질을 통해 혜택을 누리거나 유명세를 떨치게 되면 '성덕'이라는 호칭을 얻게 되기도 한다. 그만큼 자신이 좋아하고 잘하는 것을 한다는 것이 삶에 있어 중요한 요소로 여겨진다는 것을 의미한다. 나는 기기에 대한 관심과 흥미를 통해 자연스럽게 체육 수업 안에서 효과적이고 의미 있다고 생각되는 부분에 적절한 기기의 특성을 활용해서 수업을 하는 교사가 되었고, 그러는 과정에서 기기를 다루기 위한 조작 방법과 기기 안에 포함된 소프트웨어를 다루는 방법까지도 자연스럽게 익힐 수 있게 되었다. 그러다 보니 코로나 이전부터 에듀테크를 활용한 수업을 체육 수업 안에서 자연스럽게 시도할 수 있었고, 코로나 상황이 벌어진 이후에도 이전에 해오던 방식과 큰 차이 없이 수업을 진행할 수가 있었다. 나는 그 이유가 내가 좋아하는 것과 내가 하는 일이 연결되었기 때문이라 생각한다. 그렇게 나는 내가 좋아하는 에듀테크를 내 체육 수업과 생활 안에서 녹여내는 것을 즐겁게 생각했고, 이를 통해 내 수업에서 나타나는 변화들은 나에게 긍정적인 감정들을 선사해주었다.

과정중심평가와 체육 수업, 그리고 에듀테크

과정중심평가란?

모든 교육활동은 평가를 목적으로 한다. 평가의 목적은 학습의 결과를 확인하는 것(결과 확인, 선별), 학습의 과정에서 학생들을 도와 더 큰 성장으로 이끌려는 것(학생의 성장 돕기), 이후의 수업을 개선(교사의 수업 성찰 및 개선)하기 위한 것 정도가 있다. 결과의 확인과 선별을 목적으로 하는 평가를 결과중심평가라 하고, 학생들의 성장을 돕거나 교사의 수업 성찰과 개선을 위한 평가를 과정중심평가라고 한다. 이 둘은 별개로 구분되는 개념이 아니라 교육의 과정에서 함께 어우러져서 다루어져야 할 부분이다. 그중에서도 현재의 교육은 선별보다는 학생의 성장에 초점을 두는 과정중심평가를 지향하고 있다. 그렇다면 구체적으로 과정중심평가란 무엇을 의미하는 것일까?

과정중심평가는 특정한 평가 방법을 지칭하는 용어가 아니라 학생 평가에 대한 패러다임의 전환을 위해 강조된 용어다. 수행평가가 본래의 취지대로 진행된다면 그 자체가 과정 중심의 평가라고 할 수 있다. 그러나 교육과정이 개정을 거듭하면서 결과중심의 평가가 이루어지는 것에 대한 비판의 목소리가 여기저기서 터져 나왔고, 학생들이 학습하는 과정에 초점을 맞추고 학생들이 성장할 수 있도록 학습과 수행 과정에서 도움이 되는 과정 중심의 평가를 해야 한다는 이야기가 강조되었다.

교육부에서 제공한 자료인 『과정을 중시하는 수행평가 어떻게 할까요?"』(2017)에 나온 내용을 바탕으로 과정중심평가의 특징을 살펴보면 다음과 같다.

첫 번째, 성취기준에 기반을 둔 평가이다.

국가에서는 각 교과를 통해 학생들에게 가르치고자 하는 기준을 세워두고 있는데, 이것을 성취기준이라 한다. 이 성취기준을 통해 우리는 학생들에게 무엇을 가르쳐야 할지를 파악하고 내용 요소를 추출하여 수업 중 가르쳐야 할 부분들을 설계한다. 성취기준에 기반을 두지 않으면 교사 개인이 중요하다고 여기는 요소들이 저마다 다르기 때문에 학생들마다 배우는 내용이 달라질 수 있다. 성취기준은 최소한의 배움의 방향을 제시해 줌으로써 학생들이 적어도 배우는 내용에 있어서는 동등함을 경험할 수 있도록 한다.

두 번째, 수업 중에 이루어지는 평가이다.

과정 중심의 평가는 결과 확인이 목적이 아니라, 결과를 통해 학생들의 현재 배움의 도달 위치를 파악하고, 그 위치에서 필요한 적절한 피드백을 제공해 줌으로써 더 성장할 수 있는 방향을 제시해 주는 것을 목적으로 한다. 과정중심평가는 학생이 주도적으로 참여한 활동만을 평가의 대상으로 하기 때문에 외부의 환경에 의해 평가의 객관성이 변질되지 않도록 하기 위해 수업 중에 평가하는 것을 원칙으로 한다.

세 번째, 수행 과정의 평가이다.

앞서 이야기 한 것처럼 수행의 결과가 아닌 과정을 평가하는 것은 학습을 위한 평가, 학습으로서의 평가의 의미를 가진다. 평가를 통해 학생들의 학습을 개선하고, 평가 그 자체가 학생에게는 하나의 배움이 되어야 하기 때문에 수행의 과정을 평가한다.

네 번째, 지식, 기능, 태도를 아우르는 종합적인 평가이다.

교육의 목적은 전인을 양성하는 것이다. 그러나 결과만을 중시하는 평가에서는 지식이나 기능적인 부분은 평가가 가능하지만 태도에 대한 부분은 평가에 어려움이 따른다. 과정을 중시하는 평가에서는 평가가 지식과 기능을 익히고 성장할 수 있게 하는 것과 동시에 참여 태도나 자기 인식 등의 정의적 영역에서의 성장과 변화를 확인할 수 있다.

다섯 번째, 다양한 평가 방법을 활용한다.

과정중심평가에서는 다양한 영역을 종합적으로 평가한다. 그렇기 때문에 각 평가 내용에 따라서 그 내용에 적합한 평가 방법을 활용할 수 있어야 한다. 예를 들어, 학생들의 정의적인 태도는 객관식 시험으로 평가가 불가능한 부분이기 때문에 관찰이나 인터뷰 등을 통해 파악할 수 있고, 기능은 학생들의 수행 관찰이나 영상 촬영 결과를 확인함으로써 파악할 수 있다. 그리고 규칙과 관련된 부분은 퀴즈나, 지필평가 등을 통해 파악할 수 있다. 이렇게 평가하려는 내용에 따라서 다양한 평가 방법을 활용하여야 학생에 대한 정보를 다양한 관점에서 모을 수 있다.

여섯 번째, 학습자의 발달을 위해 평가 결과의 활용한다.

과정중심평가의 핵심은 학생에 대한 개별적이고 구체적인 피드백이라고 할 수 있다. 평가의 결과를 확인하는 것에 그치지 않고, 피드백을 통해 학생 개개인이 성장하고 발달하는 것을 지원하고 돕는 것이 과정중심평가가 추구하는 가장 핵심적인 목적이다. 그렇게 때문에 과정중심평가에서는 평가의 결과를 어떻게 활용해서 학생들에게 성장을 불러일으키는지가 중요하다. 그리고 교사에게 있어서도 이런 평가의 결과들이 이후 진행하게 될 수업을 개선하고 성장시키는 데 긍정적인 역할을 할 수 있다.

과정중심평가에서는 학습의 결과뿐 아니라 과정을 중요하게 생각하고 평가 그 자체가 학습이 되고, 평가를 통해 학습에 도움을 주는 방향으로 활용하는 것을 중요하게 여긴다. 결과중심의 평가가 학생들의 학업 성취에 대한 확인의 측면이었다면, 과정중심의 평가는 평가에 임하는 그 자체가 학습의 과정이고, 평가를 통해 학생의 성취 정도를 파악하고 적절한 피드백을 제공함으로써 학생이 더 나은 성장을 경험할 수 있도록 도와주는 데 그 목적이 있다.

체육 수업에서의 과정중심평가와 에듀테크의 역할

체육 수업에서의 과정중심평가는 어떻게 이루어질까? 과정중심평가는 학습의 과정에서 학생들을 관찰하고 각 학생에게 필요한 적절한 피드백을 적정 시기에 제공함으로써 학생들의 배움과 성장을 향상시키는 것을 목적으로 한다. 일반적으로 체육 수업은 교사에 의한 강의와 시범, 학생들의 연습과 숙달을 기본으로 운영된다. 강의와 시범을 보인 후 학생들이 연습을 하는 과정에서 1명의 교사가 다수의 학생들에게 피드백을 제공해 주는 데에는 한계가 존재한다. 소규모 학교의 경우에는 교사 1명당 학생 수가 적어서 충분한 소통과 피드백이 가능하지만, 일반적인 규모의 학교는 모든 학생에게 짧게라도 피드백을 제공해 주려고 하면 한 시간의 수업이 다 끝나버린다. 이런 상황에서 학생들을 관찰하고 기록하는 것까지 해내는 것은 거의 불가능한 일이다. 교사는 힘들면서도 무언가 역할을 덜 한 기분을 느끼게 되고, 수업에 대한 아쉬운 마음이 차곡차곡 쌓이다 보면 회의감과 함께 그냥 적당히 대충하고 싶은 마음들이 몰려오기도 한다. 이런 부분들을 해결하기 위해서 이전부터 다양한 노력과 고민이 있었다. 학생들을 동료 교사로 세워서 친구들을 가르치거나 피드백을 제공하게도 하고, 한 시간의 수업 동안 학생들의 활동 영상을 캠코더나 스마트폰 등으로 촬영을 한 후에 다음 시간에 교실이나 체육관 등에서 동작을 살펴보고 피드백을 주는 등의 노력이 있었다. 그때에는 이런 것들이 대단히 획기적이고 새로운 시도였다. 그러나 한편으로는 무언가 준비를 많이 해야만 하고 익숙하지 않은 번거로운 시도이기도 했다. 특별한

누군가가 하는 수업이라고 여겨져서 다수의 체육 교사들이 이런 방식을 활용하려고는 하지 않았다. 하지만 디지털의 급속한 확산으로 우리가 활용할 수 있는 하드웨어나 소프트웨어들의 성능이 급속도로 향상되면서 누구나 손쉽게 이런 테크놀로지를 활용해서 수업을 개선할 수 있는 기회가 주어졌다. 이제는 스마트폰에 앱 하나만 설치하면 교사가 학생들의 수행을 손쉽게 촬영하고 분석 결과를 녹화하여 피드백을 제공해 줄 수 있다. 학생들도 스마트폰의 앱을 통해 자신의 동작이나 친구들의 동작을 분석하고 피드백을 제공해 줄 수 있고, 녹화한 영상을 과제로 제출할 수도 있다. 교사는 제출한 영상 과제를 여러 번 확인하면서 학생의 수행을 면밀하게 관찰할 수 있고, 구체적이고 적절한 피드백을 제공해 줄 수 있다. 기술적인 진입 장벽이 낮아지면서 과정중심평가에 스마트 기기와 앱이 더 효율적이고 효과적으로 활용될 수 있게 된 것이다.

기술을 익히는 것은 또 하나의 짐이 될 수 있지만, 기술을 익힘으로써 우리가 학생들에게 보다 효율적이고 효과적으로 피드백을 제공해 줄 수 있고 그런 부분에서 사용되는 에너지들을 오히려 아낄 수 있다면 기술을 배우는 데 조금의 노력과 수고를 들이는 것도 손해 보는 장사는 아니지 않을까?

온·오프라인 연계 체육 수업은 왜 어려울까?

모든 교과의 교사가 수업을 준비하는데 저마다의 고충이 있을 것이고, 어려움이 있을 것이라 생각한다. 그리고 우리 체육 교사들에게도 그런 어려움은 존재한다. 온·오프라인 혼재 상황에서 체육 교사가 준비하는 체육 수업은 왜 어려울까? 무엇보다 타 교과와는 다르게 신체에 관한 내용을 다룬다는 점이 가장 큰 이유일 것이다. 경상북도 교육청에서 주관하는 교수 방법 관련 연수에 참여하면서 다양한 교수 방법들에 대해서 배웠다. 깊이 있게 내용을 익힌 것은 아니지만 단순히 용어로만 알았던 것들이 무엇인지에 대해서 어느 정도 파악은 될 정도로 배우면서 뿌듯하면서도 한 가지 의구심이 들었다. '그래서 이걸 체육에 어떻게 접목해야 하지?'라는 생각이었다. 코로나19가 터지고 2020년 3월 31일 온라인개학이 선언되면서 체육 교사가 하게 된 고민이 바로 이 부분이라 생각한다. '그런데 우리는 체육 수업을 온라인에서 어떻게 해야 하지?'

'온라인 수업'이라는 말만 들어도 막막한 마음이 들었던 그때, '온라인 체육 수업'은 한 번도 겪어보지 못한 사상 초유의 당황스러움을 느끼게 했던 단어였다. 집 안에서 신체활동이 이루어지도록 수업을 설계한다는 것은 생각보다 어려운 일이었다. 처음에는 "그냥 이론 위주로 수업을 편성하고 등교 개학을 하면 실시 위주로 진행하면 되겠지."라고 쉽게 생각하며 이론 위주로 내용을 올리다가 생각보다 오래 지속되는 코로나로 인해서 무언가 집에서도 신체활동이 이루어지도록 해야 한다는 부담과 책임감들이 물밀듯 밀려오면서 그야말로 말도 안 되는 수업들에 대한 시도와 시행착오가 있었다. 수건을 묶어서 배구 패스 연습을 하고, 풍선을 불어서 리프팅을 하고, 양말을 말아서 저글링을 하고, 종이컵을 가지고 컵 쌓기를 연습하는 등 이전에는 생각지도 않았고 유치하다고 여겨졌던 활동들이 실제 수업이 되었고, 그런 시도들이 어떤 면에서는 작은 성과를 거두기도 했었다. 이런 과정에서 체육 교사들은 그야말로 머리를 쥐어 짜냈을 것이다. 안내 영상을 찍으면서 자괴감도 느꼈을 것 같다. 내가 그랬다. 민망하기도 하고 부끄럽기도 한데 안 할 수는 없고, 무언가 해결은 해야겠다는 생각 때문에 급하게 이것저것 시도해 보았던 것 같다. 그때 든 생각은 "나도 이론을 가르치는 교사이고 싶다."였다. 물론 일반 교과 선생님들만큼 이론을 잘 가르칠 자신도 없었지만, 그냥 그 순간 학생들을 온라인 상황에서 신체활동으로 이끄는 것이 너무 어려웠기 때문에 그 상황에서 벗어나고 싶은 마음에 그런 말들이 마음속에서 흘러나왔던 것 같다. 체육은 신체에 대한 교육을 포함하기 때문에 교수학습 방법을 적용할 때에도 이 부분을 고려해야 한다. 그래서 한 번 더 고민해야 하고, 좀 더 새로운 방식들을 찾기 위해 애써야 한다는 것이 체육 수업의 어려움이라 생각한다.

체육 수업에서 겪게 되는 학생들의 정서와 기억

체육 수업과 정서, 그리고 기억

에듀테크를 이야기하다가 갑자기 생뚱맞다고 생각할지 모르겠지만 잠시 체육 수업에서 겪게 되는 학생들의 정서와 기억에 대해서 이야기를 해 보고자 한다. 근본적으로는 내가 에듀테크를 체육 수업에 적용한 이유 중 가장 큰 부분이 학생들의 정서와 기억에 관련된 부분이기 때문에 이 부분에 대해서는 한 번쯤 함께 진지하게 생각해보며 내용을 읽어주길 부탁드린다. 우리는 살아가면서 많은 것들을 경험한다. 삶에서 경험하는 것들은 셀 수 없이 많지만, 그 모든 것들이 우리의 기억 속에 남지는 않는다. 그중 어떤 것들은 기억하고 어떤 것들은 망각하며 살아간다. 우리가 의식적인 노력을 기울여도 어떤 것들은 쉽게 사라지고 어떤 것들은 큰 노력 없이도 기억에 남게 된다. 어떤 경우에는 오히려 잊으려 해도 쉽게 잊히질 않는 기억들도 있다. 도대체 무엇이 우리의 기억을 깊이 남게 하거나 쉽게 잊히게 하는 것일까?

체육 수업에서 학생들이 경험하는 정서와 기억의 관련성

학창 시절 체육 수업에 대한 기억에서도 우리는 이러한 차이를 경험한다. 어떤 체육 수업은 오랜 시간이 흐른 뒤에도 쉽게 기억하지만, 어떤 체육 수업은 전혀 떠오르지 않는다. 학창 시절 체육 수업의 기억을 떠올릴 때 우리는 무엇을 떠올릴까? 신기하게도 우리가 기억하는 것들을 모아 보면 배운 내용보다는 어떤 내용을 배우면서 느꼈던 감정이나 정서를 더 잘 기억한다는 걸 알게 된다. 체육을 비롯한 다양한 교과의 수업안에서 배운 이론적 지식은 다 기억이 나지 않지만, 배움 안에서 경험했던 자신의 정서적인 경험들은 긍정적이거나 부정적인 모습으로 각자의 기억에 또렷하게 남아있음을 알 수 있다. 이러한 사실을 알게 되면 우리는 체육 수업에서 내용의 중요성만큼이나 학생들이 경험하게 되는 정서가 중요하다는 것을 깨닫게 된다. 학생들이 배움을 통해 얻는 것은 지식과 운동 기능뿐 아니라, 다양한 정서라는 것을 우리는 이해하고 고려할 필요가 있다.

뇌 과학의 발달과 인지 심리학의 발달로 인간의 기억에 관한 연구는 많은 발전을 이루었다. 서점에서 판매하는 뇌 과학이나 인지 심리학에 관한 책들을 살펴보면 인간의 정서와 기억이 깊은 관련이 있다는 것을 여러 책에서 다루고 있음을 알 수 있다. 뇌에서 기억을 주로 담당하는 영역을 우리는 '해마'라고 칭한다. 이 영역에서는 기억할 것과 잊어버릴 것을 선별하고, 중요한 내용은 장기기억으로 저장하는 역할을 한다. 이런 해마와 가까운 곳에는 '편도체'라는 영역이 존재하는데 이 영역이 우리의 감정을 담당하는 영역으로 알려져 있다. 편도체는 해마와 인접해 있을 뿐 아니라, 절묘하게 연결되어 있어 두 영역은 서로 영향을 주고받는다. 이를 우리의 기억과 정서에 접목하여 보면 우리가 정서적인 경험을 하게 될 때 편도체를 통해 그 정서를 느끼게 되고, 가까이 있는 해마에도 영향을 미치게 되어 기억에 오래 남을 수 있도록 한다는 것을 짐작할 수 있다. 이를 체육 수업 상황에 접목하면 체육 수업에서 학생들이 경험하는 부정적이거나 긍정적인 정서가 학생들의 체육 수업에 대한 기억에 큰 영향을 미칠 수 있음을 알 수 있다.

체육 수업에서 학생들이 경험하는 다양한 정서와 원인

나는 체육 교사로 학생들을 가르치면서 체육 수업에서 학생들이 경험하게 되는 다양한 정서에 대해 고민했다. 학생들은 체육 수업에 참여하면서 성별, 운동 기능의 차이, 교사가 학생을 대하는 방식 등에 따라 서로 다른 정서를 경험한다. 그리고 그런 정서들이 하나, 둘 쌓이면서 기억이 되고, 그 기억을 통해 이후의 수업에 임하는 태도가 형성된다. 이 중 성별이나 운동 기능의 차이는 학생 측면에서의 원인이라고 볼 수 있고, 교사가 학생을 대하는 방식은 교사 측면에서의 원인이라고 볼 수 있다.

학생 측면의 원인을 대할 때 일반적인 우리의 생각은 여학생보다는 남학생이, 운동 기능이 부족한 학생보다는 운동 기능이 뛰어난 학생이 체육 수업을 통해 긍정적 정서를 경험하게 된다는 방향으로 향한다. 그리고 이러한 부분을 개선하기 위해서 다양한 수준의 학생들이 함께 참여할 수 있는 수준의 수업 방식을 고민하고, 학생들이 소외됨 없이 참여할 수 있는 수업을 준비하기 위해 고민하고 노력을 기울인다.

교사 측면의 원인은 이러한 학생 측면의 원인을 더 확대하거나 축소하는 역할을 한다. 교사에 따라, 수업 환경에 따라, 학생의 특성에 따라 차이는 분명 존재하겠지만 일반적인 체육 수업 상황에서 운동 기능이 뛰어나고 수업에 적극적인 학생에게는 긍정적 피드백이 제공되어 성공 경험과 긍정적 피드백을 통한 높은 수준의 긍정적 정서를 경험하게 만들고, 운동 기능이 부족하고 수업에 소극적인 학생에 대해서는 부정적 피드백이 제공되어 실패 경험과 부정적 피드백을 통한 높은 수준의 부정적 정서를 경험하게 만든다.

정서를 고려한 체육 수업

앞서 언급했던 체육 수업에서의 학생들의 정서 경험은 학생 측면과 교사 측면에서의 원인에 의해 생겨난다. 이 중 학생의 성별이나 운동 기능에 따른 정서 경험의 차이는 우리가 수업의 방법을 고민하고 개선하는 방향으로 해결해야 할 부분이다. 수업 방법에 대한 고민과 도전, 시행착오와 개선의 과정을 통해 학생의 성별과 기능에 따른 정서적 경험은 개선될 수 있다. 이와 더불어 고려해야 할 부분은 교사를 통해 경험하게 되는 학생들의 정서적인 부분에 대한 정서적 고려다. 체육 수업에서 긍정적 정서를 경험하는 학생과 부정적 정서를 경험하는 학생들을 잘 관찰하고, 교사의 태도나 말로 인해 학생들이 부정적 정서를 경험하는 학생이 있다면 교사 스스로 태도나 말을 개선하고자 노력해야 한다. 실력을 향상해야 한다는 열정을 핑계로 학생들을 조급하게 다그치고 기능의 개선을 강요하다 보면, 학생들은 조금 더 이른 실력의 향상을 경험할 수 있을지는 모르나, 교사의 다그침에 부정적 정서를 경험하고, 배운 체육 수업에 대한 부정적인 기억을 간직하게 될 확률이 높다. 체육 수업에 있어서 학생들의 기능 향상과 성취 경험은 중요한 요소이지만 부정적 정서를 경험하지 않는 선에서 그 목적이 달성되어야만 학생들에게 의미 있는 배움이 될 수 있다.

수업 방법의 개선과 교사의 학생들에 대한 태도와 말의 개선이 함께 갈 때 학생들이 체육 수업 안에서 경험하는 부정적 정서는 줄어들고, 긍정적 정서는 늘어나게 된다. 그리고 자연스럽게 체육 수업은 학생들의 기억 속에 긍정적 경험으로 남게 된다.

교사인 내가 학생 시절이었을 때를 떠올려 보면 배운 내용보다는 그때 당시 선생님의 무섭고 충격적이었던 모습이나, 친절했던 모습, 즐거웠던 기억이나 힘들었던 기억, 뿌듯했던 기억이나 속상했던 기억과 같이 정서와 관련된 기억들이 대부분이다. 세대는 변했으나 지금의 학생들도 체육 수업 안에서 나의 어린 시절과 같이 다양한 정서적 경험을 통해 체육 수업에 대한 기억을 채워나가고 있을 것이다. 결국 모든 배움의 마지막에 남는 것은 정서다. 학생들에게 행복하고 즐거운 정서를 경험시키기 위한 체육 교사의 노력은 학생들에게 체육 수업을 행복했던 기억으로 만들어 주는 열쇠가 될 것이다.

에듀테크로 학생들의 정서를 어루만지기

디지털로 아날로그의 감성 더하기

이전 내용에서 학생들의 정서와 기억에 대해 다루었다. 그렇다면 에듀테크를 활용하는 것은 학생들의 정서와 어떤 관련이 있을까? 체육 수업에 에듀테크를 활용하고자 결심한 이유는 크게 2가지다. 하나는 학생들이 수업에서 에듀테크 도구들을 자연스럽게 사용해 보면서 앞으로 맞이하게 될 대학교 생활이나 직장생활에서 자연스럽게 적응할 수 있는 능력을 키워주기 위함이었다. 기업에서는 이미 오래전부터 스마트워크를 위한 디지털 업무 환경을 구축해 둔 상태이고 다양한 협업 툴을 통해 업무를 추진하고 있다. 코로나 이후로는 재택근무와 원격업무 등이 더 강조되고 있기 때문에 일찍 이런 에듀테크 활용 경험들을 쌓아두는 것이 학생들에게는 도움이 될 것이라 생각했다. 그리고 두 번째 이유는 운동 기능이나 성별에 관계가 없이 학생들이 긍정적인 정서를 경험하게 해주고 싶었기 때문이다. 에듀테크를 활용하면서 경험하게 되는 작은 성취감과 협력의 경험들이 학생들의 아날로그적인 감성을 만져줄 수 있다는 생각이 들었다. 물론 체육은 신체 활동이 중심인 교과이기 때문에 활동 그 자체에서 긍정적인 정서를 경험시켜주는 것이 가장 이상적이다. 하지만 막상 모든 학생에게 그런 경험을 제공하는 수업을 설계하는 것이 개인적으로는 무척 어렵고 막막하게 다가왔었다. 그래서 에듀테크라는 도구를 활용해서 수업의 내용을 다루어보고 결과물을 만들어 내면서 긍정적인 정서를 경험시키고 싶은 마음에 에듀테크를 활용하게 되었다. 앞서 언급했던 것처럼 긍정적인 정서를 경험시키는 것을 제일 첫 번째 목표로 두고 나머지 것들을 고민하고 채워나가고 싶었다.

에듀테크를 활용하면서 중점을 둔 것은 막연하게 반복 연습만을 통해 운동 기능의 수준을 높이는 것보다 먼저 다양한 활동에 학생들이 꾸준하게 참여하면서 작은 성취를 반복해서 느끼도록 하자는 것이었다. 그래서 과제를 세분화하고 성취 수준을 잘게 나누어서 학생들이 아주 낮은 단계에서부터 서서히 성취를 경험하면서 체육에 대한 자신감도 키우고 자연스럽게 즐겁게 수업에 참여하며 기능도 향상할 수 있도록 유도했다. 그리고 모둠원과 함께 프로젝트 활동에 참여하면서 운동 프로그램을 개발하거나 종목과 관련된 문제를 개발하는 과정을 통해 협력하는 경험도 할 수 있게 했다. 단순하고 지루할 수 있는 체육 수업에 무언가 시대적인 흐름에 맞는 교육적 경험을 제공하고 새롭고 혁신적인 체육 수업에 참여하고 있다는 특별함을 제공해주고 싶었다.

그리고 그런 경험을 학생들로부터 디지털 설문지를 활용하여 피드백 받고, 설문지 내용에 교사의 마음을 느낄 수 있는 문구를 제공함으로써 학생들에게 교사가 학생들 한 명 한 명을 특별하게 생각하고 아낀다는 긍정적인 메시지도 전달하고 싶었다.

디지털 도구라 하면 무언가 차갑고 딱딱한 이미지라고 생각하기 쉽지만 나는 수업에서 디지털 도구들을 활용해서 학생들과 아날로그 감성을 더 잘 전달할 수 있었다고 생각한다. 초등 40분, 중등 45분, 고등 50분의 수업안에서 개인 학생들 모두와 친밀한 소통을 해낸다는 건 쉽지 않은 일이다. 그러나 1대 다수의 상황에서 이루어지는 수업 환경에서 디지털 도구가 개별 학생들에게 개별 메시지를 전달할 수 있는 효율적인 도구 역할을 해주었기 때문에 수업에서 학생들과 좀 더 체온을 느끼고 마음을 나누는 수업을 할 수 있었다고 믿고 있다.

코로나19 이후의 체육 수업이 맞은 위기와 기회, 그리고 에듀테크

인정하든 그렇지 않든 코로나19로 인해 교육계를 비롯한 많은 분야에서 디지털 혁명이 일어난 것은 무시할 수 없는 현실이다. 특히 교육계에서 일어난 온라인 수업 열풍은 우리가 맞이해야 할 미래의 교육을 10년은 앞당겼다고 볼 수 있다. 코로나 이후의 연수들은 에듀테크 활용에 대한 부분이 주를 이루고 있고, 수업에 효율성을 더하는 다양한 에듀테크들이 우후죽순 생겨나고 있다. 체육 영역에서도 학교마다 미래형 체육교실을 지향하며 VR과 AR을 활용한 신체활동 공간이 구축되고 있다. 현재 다수의 초등학교가 이런 시설들을 갖추어 가고 있으며, 중등에서도 이런 공간들이 점차 늘어날 것이라 생각한다. 교육청 단위에서 아예 스포츠 체험 센터를 마련하여 학생들의 신체활동을 적극 지원하는 움직임도 보이고 있다. 내가 근무하고 있는 수련원에서도 이런 미래형 신체활동에 대한 시대적 흐름을 반영해서 학생들에게 자연과 미래를 함께 경험시킬 수 있는 수련활동 프로그램을 개발하고자 고민하고 있다. 시대의 변화에 맞추어서 교육도 조금씩 변화를 맞이하고, 그 파도를 타려는 움직임들이 나타나는 것 같다.

코로나는 체육 수업에 위기일까, 아니면 기회일까? 결론부터 말하자면 나는 코로나19가 체육 수업에서의 기회라고 본다. 코로나19로 인해 체육 수업을 하기 힘든 상황들이 발생되면서 오히려 체육 수업의 중요성이 더욱 부각되었다고 생각하기 때문이다. 코로나 이후로 학생들의 신체 활동량은 급감하였고, 코로나 블루와 같은 심리적 문제까지도 확산되면서 이런 문제들의 해결책으로 신체활동이 앞으로 큰 역할을 해낼 것이다. 그리고 체육 수업이 해낼 역할에 대해 에듀테크가 많은 긍정적인 도움을 제공할 수 있다면 좋겠다. 미래는 이미 우리에게 주어졌다. 그 미래를 언제 받아들일지는 우리 각자의 몫이다.

Ⅱ

나의 에듀테크 활용 체육 수업

PBL을 적용한 타바타 운동 프로그램 개발하기

QR코드를 활용한 자기 주도적 탐구 수업 운영 사례

AR앱을 활용한 체육 수업 사례

이 장에서는 내가 시도해 본 에듀테크 활용 체육 수업에 대한 이야기들을 담았다. 정답은 아니지만 체육 수업에서 에듀테크가 어떤 맥락에서 어떤 목적으로 사용되었는지를 파악하는 데에는 작은 도움이 될 것이라 생각하며 내용을 채워 넣었다.

가장 먼저 시도했던 PBL을 적용한 타바타 운동 프로그램 개발하기를 시작으로, 개인적으로는 새로운 시대의 '아나공 수업'('아나'와 '공'의 합성어로 체육 수업 시간에 공만 던져두고 아이들끼리 놀게 하는 것)이라 생각하는 QR코드를 활용한 자기 주도적 탐구 수업 운영 사례, 그리고 앞으로 다가올 미래에 유행할 것이라 생각하는 AR앱을 활용한 체육 수업 사례까지 총 3가지의 수업 사례를 담았다. 에듀테크 활용 수업이 생소한 체육 교사들이 어떤 방식으로 에듀테크를 활용한 체육 수업이 이루어지는지에 대해서 방향을 잡는 데 도움이 되면 좋겠다. 수업을 준비하면서 했던 고민과 준비 과정, 운영과 정리 과정까지 내용을 담았다. 하나씩 읽어보면서 선생님들의 수업에 필요한 아이디어를 하나라도 얻어가시면 좋겠다.

PBL을 적용한 타바타 운동 프로그램 개발하기

WHY?(왜 시작했는가?)

에듀테크 활용 수업에 대한 경험과 PBL과의 만남

에듀테크 활용 수업의 장점을 경험하고 난 후, 수업을 준비하면서 가장 먼저 시작한 수업은 'PBL을 적용한 타바타 운동 프로그램 개발' 수업이었다. 경상북도교육청 중등교육과에서는 '교실수업나눔교사단'이라는 교사학습공동체를 운영하고 있다. 교사들의 수업 연구를 돕는 다양한 교육 방법에 대한 연수를 기획하고 교사들의 참여를 유도하여 수업의 질을 변화시키는 역할을 하고 있으며, 개인적으로는 이곳에서 많은 배움을 얻었다. 초창기부터 나는 PBL팀에서 활동을 했었고, 그 안에서 다양한 교과의 선생님들과 만나 수업에 대한 고민을 나누면서 좀 더 넓은 시야에서 수업을 바라볼 수 있게 되었다. PBL은 'Problem Based Learning'의 약자로 한국어로는 주로 '문제 기반 학습'이라고 부른다. 실제적인 하나의 문제를 학생들에게 제공함으로써 학생들이 모둠을 구성하여 문제를 인식하고 해결책을 찾아 결과를 도출해내는 구성주의 학습법의 하나가 PBL이다. 일반적인 교과와 다르게 체육은 신체활동이 기반이 되는 수업이라 고민이 되기는 했지만, 체육 수업도 학생들이 배우는 여러 교과 중 하나이기에 어설프더라도 PBL을 체육 수업에 활용해보고 싶었다. 그래서 에듀테크와 PBL을 활용하여 체육 수업을 설계하기 시작했다.

혼성학급 고등학생 대상 수업에 대한 고민

고등학교 학생들은 초등학교나 중학교에 비하여 체육 활동에 참여할 수 있는 절대적인 시간이 부족하고, 학업에 많은 에너지를 쏟아야 하기에 체육 활동에 대한 전반적인 흥미나 참여도가 상대적으로 낮다. 반면에 학업을 위해서는 든든한 체력이 밑바탕이 되어야 하므로 꾸준히 운동을 실천하는 습관을 형성하는 것이 무엇보다 중요한 시기이기도 하다. 더군다나 혼성학급은 성별과 기능 수준에 따라 학생들의 참여도가 큰 차이를 보이기 때문에 수업을 준비할 때 여러 가지로 고려할 사항들이 많다. 이런 부분들을 해결을 위해 에듀테크나 PBL을 활용하고 싶었다. 고등학생에게 억지로 재미없는 운동을 반복시키지 않고, 학생들 스스로 열심히 운동하면서 무언가 결과물을 만들어 낼 수 있게 하자는 생각에 PBL과 에듀테크를 활용해서 타바타 운동 프로그램을 개발하도록 수업 내용을 구상하였다.

WHAT & HOW?(무엇을 어떻게 했는가?)

수업 준비하기

PBL을 위한 문제 개발, 활동지 만들기

체육 수업에 에듀테크를 접목하고자 다짐을 한 후, PBL과 구글 클래스룸을 활용해서 학생들에게 어떤 방식으로 수업을 하는 것이 좋을지 많이 고민했다. 디지털 도구를 활용하면서도 학생들을 움직이게 하고 싶었고, 자발적으로 무언가 결과물을 만들어냈으면 하는 바람이 있었다. 그래서 PBL 수업의 핵심인 문제를 만드는 단계에서 그런 바람들을 녹여내기 위해서 다양한 아이디어들을 떠올려 보았다. 떠오른 아이디어는 차곡차곡 마인드맵에 정리하면서 방향을 잡았다.

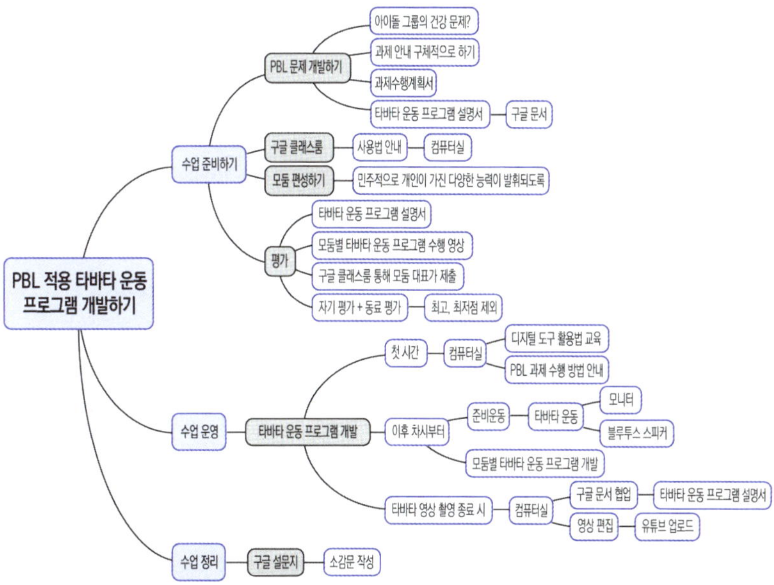

[수업 설계를 위한 마인드맵 작성]

수업을 준비하면서 무엇보다 체력과 관련된 부분을 중점적으로 다루고 싶었기 때문에 운동이나 건강과 관련하여 방향을 잡고 싶었다. 다양한 시나리오를 고려하다가 아이돌 그룹이 건강상의 어려움을 극복하기 위해 함께 실천할 수 있는 운동 프로그램을 개발한다는 방향으로 시나리오를 잡고 문제를 만들었다. 그리고 PBL 문제 수행을 위한 도움 자료를 제공하기 위해 구글 클래스룸에 올리기 위한 디딤 영상을 촬영하고, 협업 활동을 할 수 있는 구글 문서 양식을 제작했다. 지금 생각하면 문제가 어설프기도 하고 오글거리기도 한다. 하지만 학생들에게 PBL을 적용하기 위해 실제적인 문제를 고민했다는 것으로 충분히 의미 있고 용기 있었던 첫 시도라 생각한다. 학생들이 아이돌 그룹의 문제를 자신들의 문제로 인식하고, 실질적으로 도움이 되는 타바타 운동 프로그램 설명서를 만들고, 이를 바탕으로 안내 영상을 제작하는 과정에 참여하도록 내용을 구성하였다. 과제 참여를 통해 자연스럽게 타바타 운동을 통해 체력을 기르고, 결과물도 만들어 냄으로써 성취감을 경험하게 하고 싶었다. 떠오르는 생각들을 모아서 PBL 문제를 포함한 안내지를 개발하고, 활동지를 제작했다.

〈학생들에게 제공한 PBL 문제〉

PBL 문제: 멤버들의 건강을 위한 운동 프로그램을 개발하라!

당신은 유명 아이돌 그룹 '율곡시대'의 멤버다. 올 여름 당신과 당신의 그룹 멤버들은 중국에서의 공연 이후 한국으로 돌아와서 다음과 같은 건강상의 문제를 겪었다.

1. 조금만 걸어도 숨이 찬다.
2. 뱃살이 나와서 입던 바지가 맞질 않는다.
3. 평소에 거뜬히 들었던 무게의 짐도 잘 들지 못하고, 들더라도 멀리 옮기기가 힘들다.
4. 함께 등산을 가서 정상의 절반도 오르지 못하고 계단을 몇 칸만 올라가도 다리가 후들거린다.
5. 쉽게 지치고 집중력이 떨어지며, 잠이 많이 온다.
6. 피곤하기는 한데 밤에 잠이 잘 오지 않는다.

멤버들과 함께 병원을 방문한 당신은 현재 겪고 있는 문제들이 운동량과 밀접한 관계가 있다는 의사의 소견을 들었다. 의사의 소견을 들은 멤버들은 운동 프로그램을 실천하자고 의견을 모았다. 하지만 그동안 소화하지 못했던 한국에서의 스케줄을 소화하느라 멤버들에게는 하루 중 아침 7시에서 7시 10분, 밤 9시에서 9시 10분까지 각각 10분씩 하루 총 20분의 시간만 함께 운동을 할 수가 있는 상황이다. 멤버들은 짧은 시간 함께 운동을 실천하기 위해 영상을 제작하여 보면서 실천하기로 마음을 먹고 짧은 시간 동안 멤버들이 최적의 효과를 얻을 수 있는 운동 프로그램의 개발 및 영상 제작을 위해 P.T.(personal trainer)에게 상담을 신청하였다. 상담 결과 다음과 같은 조건의 운동 프로그램을 개발하고 영상을 만들면 함께 짧은 시간 안에 많은 운동 효과를 볼 수 있고, 꾸준히 실천할 수 있을 것이라는 조언을 받았다.

운동 프로그램 영상 제작 조건

1. 4분짜리 프로그램으로 개발하여 영상으로 만들 것(설명 포함 최대 6분 이내로 작성).
2. 4가지 이상의 동작을 포함할 것(각 동작이 어떤 신체 부위에 어떤 효과가 있는지 파악하고 포함시킬 것).
3. 멤버들이 모두 역할에 참여할 것(무임승차 금지).
4. 각 동작을 선택한 이유를 프로그램 설명서에서 설명할 것(각 동작의 효과성 측면에서).
5. 각 동작은 20초 동작 10초 휴식 형태로 이루어지도록 할 것.

6. 영상에는 각 동작이 시작할 때 해당 동작에 대한 명칭과 실시 횟수가 화면에 나타나도록 할 것.
7. 촬영자를 제외한 멤버 모두가 영상에 나오도록 할 것.
8. 결과물은 프로그램 설명서와 영상 두 가지가 나오도록 할 것(설명서는 카페 탑재, 영상은 촬영 및 편집 후 유튜브에 미등록 업로드 한 후 링크를 구글 클래스룸에 탑재하여 제출).
9. 영상의 시작 또는 마지막에 검은 배경에 수행평가의 제목(예: 율곡시대와 함께하는 타바타 운동), 모둠의 번호, 그룹명과 멤버 이름이 뜨도록 할 것.(예: 1-1 1모둠 그룹명 멤버 이름) 세로로 다음의 순서로 나열할 것.
10. 과제 작성을 하며 협력했던 과정, 재미있는 NG장면 등을 영상 말미에 포함할 것.

그룹 멤버들과 함께 제작조건에 맞추어 운동 프로그램을 개발하고 UCC 영상으로 제작해 보자.
제출마감기간: 2018.9.17.월요일 24:00(마감 기한 엄수할 것, 기한 넘길 경우 1단계 낮은 점수 부여)
제출처: 설명서는 구글 문서로 협업 후 구글 클래스룸에 탑재, 영상은 유튜브 업로드 후 링크를 구글 클래스룸에 탑재
파일제목 (예: 1학년 1반 1모둠 타바타 운동 프로그램 영상, 1학년 1반 1모둠 타바타 운동 프로그램 설명서)
제출자료: 타바타 운동 프로그램 설명서(구글문서로 함께 작업, 자동 저장됨), UCC영상(유튜브에 미등록으로 영상 업로드 후 해당 영상의 링크를 구글 클래스룸 내 과제에 링크 추가하여 탑재하기), 과제수행 계획서(종이로 된 자료)는 선생님께 직접 제출
- 과제 내에 과제 수행 방법을 설명하는 영상을 탑재하였으니 반드시 시청 후 과제 수행할 것
- 기타 문의사항은 카톡으로 문의 010-xxxx-xxxx 안형진 선생님

〈수행평가 기준표 및 작성 방법 안내〉

1학년 2학기 첫 수행 평가 기준표

가. 평가 단원 및 평가 방법(수행1) 반영비율(30%)

종목	평가 요소
건강 체력	PAPS, 타바타 체조 영상 만들기

<table>
<tr><th>단원</th><th>종목</th><th>만점</th><th>평가항목</th><th>평가요소</th><th>평가기준</th><th>반영점수</th></tr>
<tr><td rowspan="22">체력 운동</td><td rowspan="22">건강 체력</td><td rowspan="10">50</td><td rowspan="6">PAPS</td><td rowspan="6">PAPS 측정 후 전체 점수를 반영하여 나온 등급에 따라 점수를 부여한다.</td><td>1등급</td><td>40점</td></tr>
<tr><td>2등급</td><td>36점</td></tr>
<tr><td>3등급</td><td>32점</td></tr>
<tr><td>4등급</td><td>28점</td></tr>
<tr><td>5등급</td><td>24점</td></tr>
<tr><td>미실시</td><td>8점</td></tr>
<tr><td rowspan="4">성장 평가</td><td rowspan="4">1학기 측정 결과와 비교하여 성장, 유지, 하향한 학생에 대해 해당 점수를 부여함
<table><tr><th>평가기준</th><th>성장</th><th>유지</th><th>하향</th></tr><tr><td>세부적용 기준</td><td>1-1 유지
또는 1등급
이상 성장</td><td>2-2 유지
3-3 유지</td><td>4-4 유지
5-5 유지
또는 하향</td></tr></table></td><td>성장</td><td>10점</td></tr>
<tr><td>유지</td><td>6점</td></tr>
<tr><td>하향</td><td>2점</td></tr>
<tr><td>미실시</td><td>0점</td></tr>
<tr><td rowspan="12">50</td><td rowspan="6">타바타 체조 영상 만들기 (UCC, 체조 설명서)</td><td rowspan="6">1. 타바타 체조 설명서와 UCC 자료를 모둠별로 제작한다.
2. 평가기준을 달성한 정도에 따라 점수를 부여한다.
가. 체조 설명서의 완성도(1~5점)
나. 체조 UCC에 4가지 이상의 타바타 동작 포함(1~5점)
다. 모둠원들의 동작의 일치성(1~5점)
라. UCC 내 동작별 명칭의 자막 표시(1~5점)
마. 모둠원 모두의 적극적 참여(1~5점)</td><td>21~25점</td><td>40점</td></tr>
<tr><td>16~20점</td><td>36점</td></tr>
<tr><td>11~15점</td><td>32점</td></tr>
<tr><td>6~10점</td><td>28점</td></tr>
<tr><td>1~5점</td><td>24점</td></tr>
<tr><td>미제출</td><td>8점</td></tr>
<tr><td rowspan="3">개인의 활동 참여 평가</td><td rowspan="3">주어진 역할 충실도(1~5)
배려하는 태도(1~5)
활발한 참여 및 협력(1~5)</td><td>13~15점</td><td>5점</td></tr>
<tr><td>9~12점</td><td>4점</td></tr>
<tr><td>9점 미만</td><td>3점</td></tr>
<tr><td rowspan="3">모둠원의 활동 참여 평가 (모둠 내 평가)</td><td rowspan="3">4. 주어진 역할 충실도(1~5)
배려하는 태도(1~5)
활발한 참여 및 협력(1~5)</td><td>13~15점</td><td>5점</td></tr>
<tr><td>9~12점</td><td>4점</td></tr>
<tr><td>9점 미만</td><td>3점</td></tr>
</table>

운동 프로그램 영상 제작 조건

1. 4분짜리 프로그램으로 개발하여 영상으로 만들 것.(설명 포함 최대 6분 이내로 작성)
2. 4가지 이상의 동작을 포함할 것.(각 동작이 어떤 신체 부위에 어떤 효과가 있는지 파악하고 포함시킬 것)
3. 멤버들이 모두 역할에 참여할 것.(무임승차 금지)
4. 각 동작을 선택한 이유를 프로그램 설명서에서 설명할 것.(각 동작의 효과성 측면에서)
5. 각 동작은 20초 동작 10초 휴식 형태로 이루어지도록 할 것.
6. 영상에는 각 동작이 시작할 때 해당 동작에 대한 명칭과 실시 횟수가 화면에 나타나도록 할 것.
7. 촬영자를 제외한 멤버 모두가 영상에 나오도록 할 것.
8. 결과물은 프로그램 설명서와 영상 두 가지가 나오도록 할 것.(설명서는 카페 탑재, 영상은 촬영 및 편집 후 유튜브에 미등록 업로드 한 후 링크를 구글 클래스룸에 탑재하여 제출)
9. 영상의 시작 또는 마지막에 검은 배경에 수행평가의 제목(예: 율곡시대와 함께하는 타바타 운동), 모둠의 번호, 그룹명과 멤버 이름이 뜨도록 할 것.(예: 1-1 1모둠 그룹명 멤버 이름) 세로로 다음의 순서로 나열
10. 과제 작성을 하며 협력했던 과정, 재미있는 NG장면 등을 영상 말미에 포함.

그룹 멤버들과 함께 제작조건에 맞추어 운동 프로그램을 개발하고 UCC 영상으로 제작해 보자.

제출마감기간: 2018.9.17.월요일 24:00(마감 기한 엄수할 것, 기한 넘길 경우 1단계 낮은 점수 부여)

제출처: 설명서는 구글 문서로 협업 후 구글 클래스룸에 탑재, 영상은 유튜브 업로드 후 링크를 구글 클래스룸에 탑재

파일제목 (예: 1학년 1반 1모둠 타바타 운동 프로그램 영상, 1학년 1반 1모둠 타바타 운동 프로그램 설명서)

제출자료: 타바타 운동 프로그램 설명서(구글문서로 함께 작업, 자동 저장됨), UCC영상(유튜브에 미등록으로 영상 업로드 후 해당 영상의 링크를 구글 클래스룸 내 과제에 링크 추가하여 탑재하기), 과제수행 계획서(종이로 된 자료)는 선생님께 직접 제출

- 과제 내에 과제 수행 방법을 설명하는 영상을 탑재하였으니 반드시 시청 후 과제 수행 할 것
- 기타 문의사항은 카톡으로 문의 010-xxxx-xxxx 안형진 선생님

〈타바타 운동 프로그램 설명서 작성지〉

타바타 운동 프로그램 설명서

학년 반 모둠

그룹명: 멤버이름:

순서	동작의 명칭	동작 도해(동작에 대한 스냅 사진 또는 그림) 2~4컷	동작 설명	유의점
1				
2				
3				
4				
5				
6				
7				
8				

위와 같이 타바타 운동프로그램을 작성하게 된 이유는 무엇인가요?(구체적으로 작성할 것)

〈PBL 과제수행 계획서〉

PBL 1단계 **과제수행 계획서 작성하기**

그룹명: (   ) 멤버 이름:

PBL 과제수행 절차	내용
가설/해결안(ideas) ☞ 어떤 방법으로 문제를 해결할 것인가?	
이미 알고 있는 사실(facts) ☞ 문제를 통해 알게 된 사실, 문제와 관련하여 전에 알고 있었던 지식은 무엇인가요?	
더 알아야 할 사항들(Learning issues) ☞ 문제해결을 위해 더 알아야 할 것은 무엇인가요?	
역할 분담	

PBL 2단계 **문제 해결 모색 및 토론 결과 정리**

그룹명: (   ) 멤버 이름:

• 문제 해결하기

모둠원 이름	조사 내용 및 의견	출처	조사 내용 및 의견에 대한 다른 모둠원들의 생각

• 토론 결과 정리하기

문제 해결과정에서 탐색한 자료, 모둠원들의 의견을 종합하여 정리하기

PBL 3단계 **결과물 제출 및 평가 단계**

• 동료 평가지

내용	모둠원 이름
모둠 내에서 작품을 완성하는데 가장 공헌도가 높았던 학생은?	
모둠 내에서 모둠원과 적극적으로 협동하여 과제를 수행한 학생은?	
모둠 내에서 리더십으로 모둠원들을 잘 이끈 학생은?	

• 그룹 평가지

내용	모둠 이름
가장 창의적인 동작으로 프로그램을 구성한 모둠은?	
모둠원의 협동심이 가장 돋보인 모둠은?	
작품의 구성능력 및 작품의 완성도가 가장 우수한 모둠은?	

〈PBL 과제 관련 자료〉

자료 설명	자료 QR코드
[PDF파일] 타바타 운동 프로그램 개발 PBL문제(모둠 활동지 포함) - 구글 클래스룸에 업로드한 PBL 과제 안내 자료	
[한글파일] 타바타 운동프로그램 개발 PBL문제(학생기록용) - 학생들에게 출력하여 제공한 타바타 운동 과제 안내서 및 PBL 과제수행 계획서	
[구글 문서] 타바타 운동 프로그램 설명서 양식 - 학생들이 협업하여 작성한 구글 문서 양식	

구글 클래스룸에 과제 만들기

타바타 운동 프로그램 개발을 위해서 학생들이 가장 먼저 해야 할 일은 과제가 무엇인지를 이해하는 것이다. 학생들의 이해를 돕는 PBL 활동 안내지를 만든 후 구글 클래스룸의 과제 만들기 기능을 활용하여 학생들에게 제공할 타바타 운동 프로그램 개발하기 과제를 업로드했다.

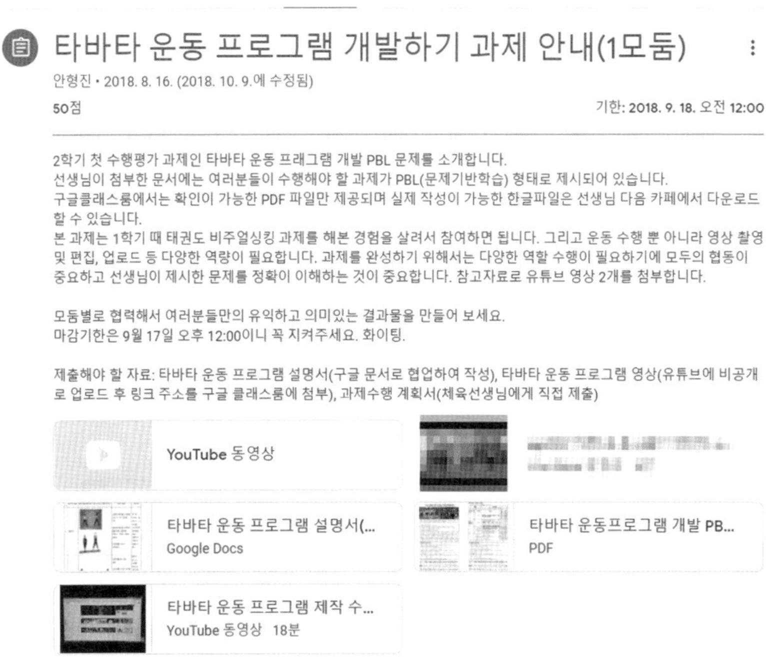

[구글 클래스룸에서 게시한 타바타 운동 프로그램 개발 과제]

디딤 영상 제작하기

구글 클래스룸에 과제로 올려준 참고용 영상의 활용 방법과 과제를 수행하는 과정 전반을 안내하는 디딤 영상을 촬영하고, 유튜브에 업로드 후에 링크를 통해 과제 만들기에 첨부하였다. 학생들이 교사에게 추가적인 질문을 많이 하지 않고 스스로 영상을 참고하여 충분히 과제를 수행할 수 있도록 자세한 설명을 영상에 담았다.

[타바타 운동 프로그램 디딤 영상]

[디딤 영상 QR코드]

수업 운영하기

수업의 방향 안내 및 구글 클래스룸 가입시키기

문제와 도움 자료를 만들고 나서 그걸 온라인 플랫폼을 통해 학생들에게 제공해주기 위해 1시간의 수업은 컴퓨터실에서 진행했다. 구글 클래스룸을 만들고 학생들에게 수업을 통해 크롬 브라우저 다운로드에서부터 시작하여 구글 계정을 만들고 구글 클래스룸에 접속하기 위해 수업 코드를 입력하는 과정까지를 찬찬히 설명했다.

[구글 클래스룸을 활용한 수업의 방향을 설명하는 모습]

[학급별 체육 구글 클래스룸]

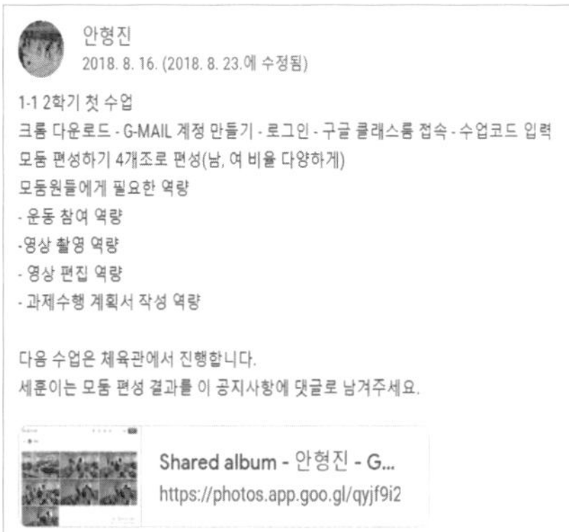

[2학기 첫 수업 안내 글]

컴퓨터실에서의 첫 수업에서는 체육 수업을 하면서 선생님이 굳이 왜 컴퓨터실까지 학생들을 데리고 오게 되었는지, 왜 체육 수업에 꼭 이런 도구들을 활용해야 하는지에 대해 학생들에게 의미와 이유를 설명했다. 그리고 4개의 모둠을 학생들 스스로 편성하도록 하고 수행할 과제에 대한 안내를 해주었다.

[모둠을 편성하고 있는 학생들]

PBL 문제와 활동을 위한 설명, 도움 영상 등을 미리 만들어 두었기 때문에 최대한 교사의 설명은 줄이고 자료를 어떻게 참고해야 하는지에 대해서만 설명을 해주었다. 모둠원끼리 문제가 무엇인지 파악하도록 서로 소통을 충분히 하라고 일러주었고, 모둠 내에서 해결이 안 되고 이해가 안 되는 부분에 대해서만 선생님에게 물어볼 수 있도록 했다.

[PBL 문제를 확인하고 있는 학생들]

수업의 전반적인 내용과 방향에 대해 안내하며 컴퓨터실에서 학생들과 에듀테크를 활용한 체육 수업의 첫 단추를 끼웠다. 이후의 수업은 체육관에서 한다고 안내를 해주고 구글 클래스룸에 제공한 내용을 잘 참고해서 과제를 수행하라고 격려해 주었다.

타바타 운동으로 수업 시작하기

컴퓨터실에서 에듀테크 도구를 활용하여 어떻게 과제를 수행해야 하는지를 안내한 후에는 체육관으로 와서 실제 타바타 운동 프로그램을 개발하고 영상을 찍는 활동을 진행했다. 체육관으로 돌아와서 학생들에게 가장 먼저 참여하도록 했던 활동은 준비운동으로 마련된 타바타 운동을 하면서 활동을 준비하는 것이었다. 카훗으로 타바타와 관련된 퀴즈를 제시하고 학생들의 스마트폰으로 참여하게 하면서 타바타 운동에 대한 학생들의 흥미를 유발했다. 퀴즈를 모두 푼 후에 타바타 운동에 대해서 이론적인 부분을 설명해 주었다. 퀴즈를 통해 타바타 운동에 대해 조금 친밀감을 느낀 상황에서 이론적인 부분을 설명해 줌으로써 학생들이 타바타 운동에 대해 힘들고 어렵다는 느낌보다는 해볼 만하다는 느낌을 갖게 해주고 싶었다.

[타바타 운동 관련 Kahoot 퀴즈를 풀고 있는 학생들]

[타바타 운동 관련 Kahoot 퀴즈를 풀고 있는 학생들]

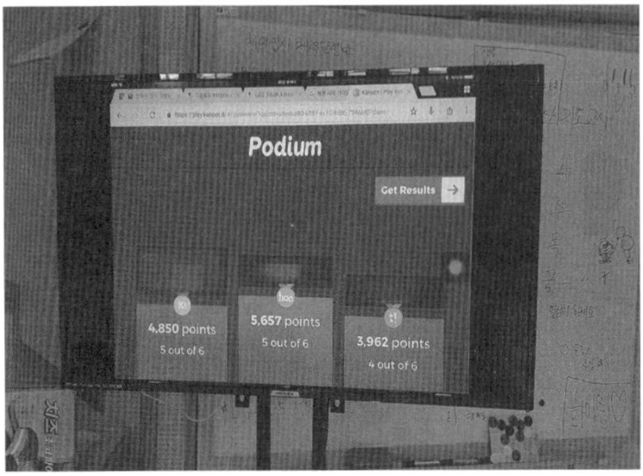

[Kahoot 퀴즈 참여 결과]

[수업에 활용한 타바타 운동 관련 Kahoot 퀴즈]

흥미를 유발시킨 후에는 실제로 몸으로 타바타 운동을 경험하도록 했다.

준비운동을 한 이후에 학생 1인당 매트 1개씩을 제공하고 매트 위에서 타바타 운동을 실시하도록 했다. 처음부터 학생들에게 너무 큰 무리가 가지 않도록 쉽게 따라할 수 있는 수준의 타바타 운동 영상을 찾았다. 강당에 있는 대형 TV와 태블릿을 연결하고 블루투스 스피커를 통해 소리를 송출하여 학생들이 화면을 보고 소리를 들으면서 타바타 운동 프로그램에 참여하도록 했다. 매시간 학생들은 수업 시작 단계에서 준비운동 후 타바타 운동 프로그램을 함께 실시한 후에 모둠별로 흩어져서 주어진 PBL 수행 과제를 해결하는 방식으로 수업에 참여했다.

[타바타 운동에 참여하고 있는 학생들]

역할 분담하고 문제 해결을 위해 움직이기

학생들은 과제수행계획서의 내용을 참고하여 역할을 분담하고, 스마트폰과 노트북, 관련 서적들을 활용하여 자신들의 모둠에 적합한 타바타 운동 동작을 찾아 수행하는 과정을 반복하며 동작의 적절성과 포함 여부를 판단했다. 내용이 헷갈리면 개인 스마트폰으로 구글 클래스룸에 접속하여 과제의 내용을 다시 확인하고, 모둠별로 제공해 준 과제수행계획서를 활용하여 타바타 운동 프로그램의 개발 방향을 잡아나갔다. 자신들에게 주어진 문제가 무엇인지 파악하고 어떻게 과제를 수행해 나가야 할지를 함께 고민하면서 학생들은 서로 대화하기 시작했고, 서로의 생각을 듣기 시작했다. 이러한 시간들이 신체를 활발하게 움직이는 시간들은 아니었지만 효과적인 신체의 움직임을 준비하기 위해서는 꼭 필요한 과정이었다. 학생들이 혼자가 아니라 함께 의미 있는 결과물을 만들어내기 위해 준비하는 의미 있는 과정이었다고 생각한다. 완성도 높은 타바타 운동 프로그램 제작을 위해서 학생들은 다양한 동작을 반복해서 연습했고, 이 과정에서 자연스럽게 신체활동에 열심히 참여하면서 자신들의 목표를 완성해 나갔다.

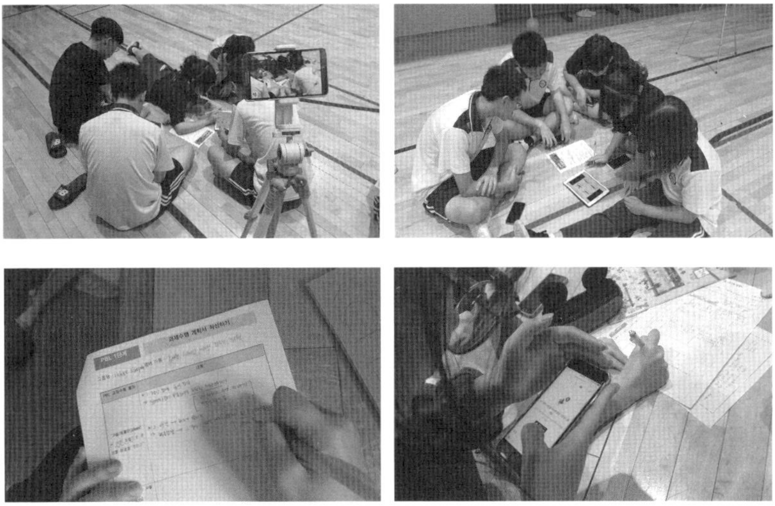

[서로 대화하며 역할을 나누고 맡겨진 역할을 수행하고 있는 학생들]

활동 결과를 디지털로 변환하기

타바타 운동 프로그램 설명서를 종이에 작성하고, 영상 촬영이 어느 정도 마무리가 된 단계에서 한 번 더 컴퓨터실에서 수업을 진행했다. 결과물을 완성하기 위해서였다. 이 단계에서 학생들은 타바타 운동 프로그램 설명서를 디지털로 제작하고, 촬영한 영상을 편집했다.

구글 문서 안에서 학생들은 서로 협업하며 설명서를 완성했다. 그리고 영상의 편집 방향을 함께 의논하면서 영상 편집도 진행하였다.

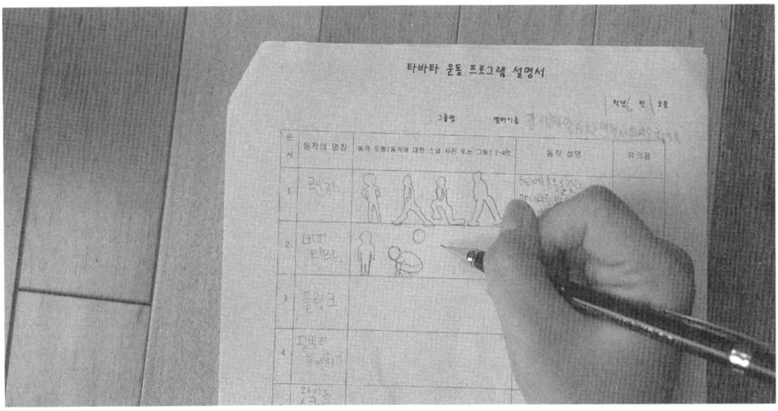

[아날로그로 타바타 운동 프로그램 설명서를 제작하는 모습]

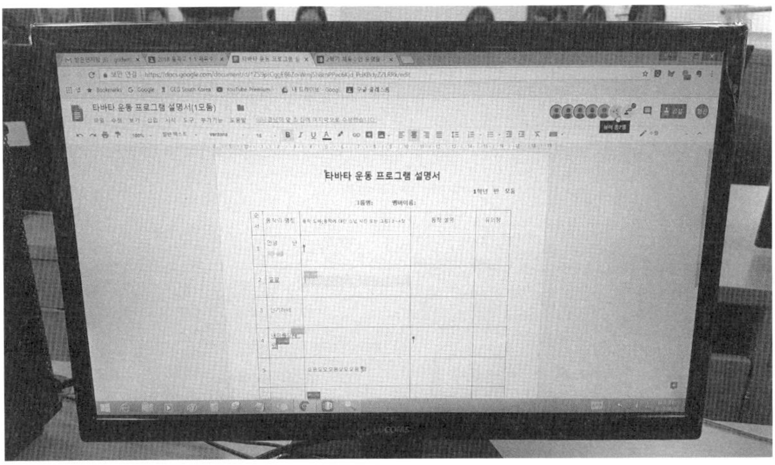

[구글 문서에 동시 접속하여 타바타 운동 프로그램 설명서를 디지털로 작성하는 모습]

학생들이 작성한 타바타 운동 프로그램 설명서와 편집 영상은 구글 클래스룸에 제출하도록 했다. 타바타 운동 프로그램 설명서는 모둠 대표 1명이 제출하도록 했고, 영상은 모둠원 중 1명이 유튜브에 업로드한 후에 링크로 제출하도록 했다.

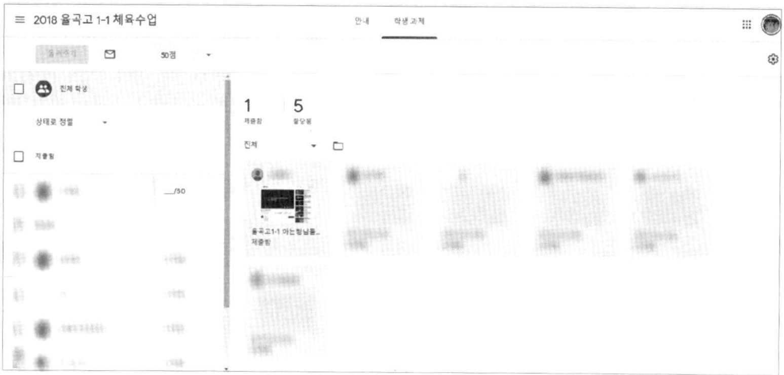

[구글 클래스룸에 제출된 타바타 운동 프로그램 영상 과제]

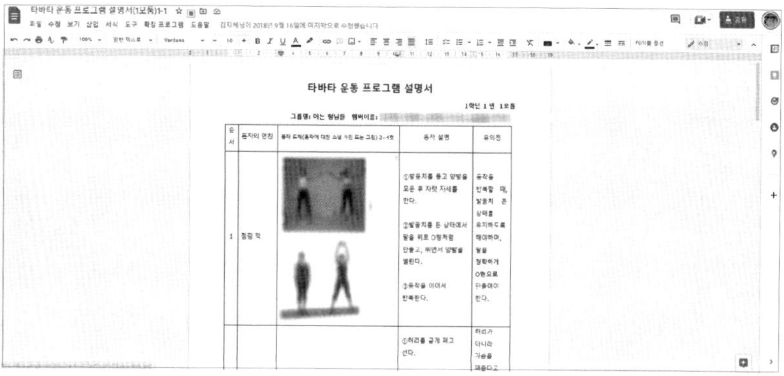

[구글 문서에 작성된 타바타 운동 프로그램 설명서]

자기평가와 동료평가 실시하기

제출된 자료들을 확인하고 평가 점수를 부여하였다.

이 과정에서 구글 설문지를 활용하여 자기평가와 동료평가도 함께 실시하였다. 동료평가는 자신을 제외한 나머지 모둠원을 평가하도록 했고, 평가의 공정성을 기하기 위해서 가장 높은 점수와 가장 낮은 점수를 제외한 나머지 점수의 평균으로 동료평가 점수를 부여하였다.

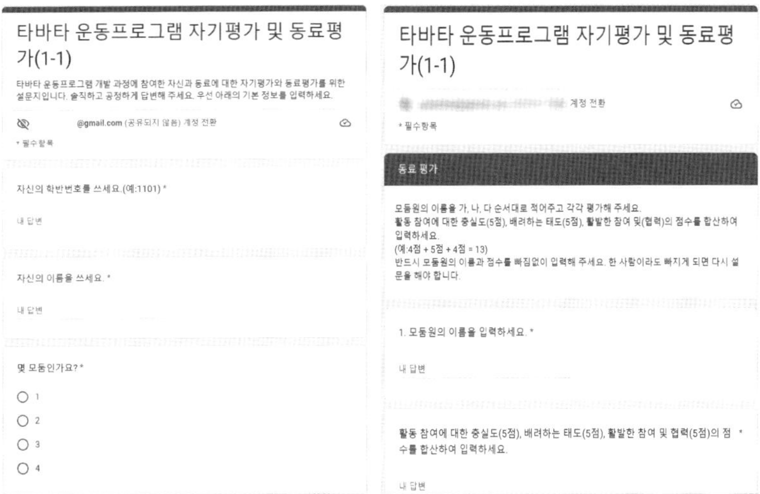
타바타 운동프로그램 자기평가 및 동료평가(1-1)

타바타 운동프로그램 개발 과정에 참여한 자신과 동료에 대한 자기평가와 동료평가를 위한 설문지입니다. 솔직하고 공정하게 답변해 주세요. 우선 아래의 기본 정보를 입력하세요.

@gmail.com (공유되지 않음) 계정 전환

* 필수항목

자신의 학반번호를 쓰세요.(예:1101) *

내 답변

자신의 이름을 쓰세요. *

내 답변

몇 모둠인가요? *

○ 1
○ 2
○ 3
○ 4

타바타 운동프로그램 자기평가 및 동료평가(1-1)

계정 전환

* 필수항목

동료 평가

모둠원의 이름을 가, 나, 다 순서대로 적어주고 각각 평가해 주세요.
활동 참여에 대한 충실도(5점), 배려하는 태도(5점), 활발한 참여 및(협력)의 점수를 합산하여 입력하세요.
(예:4점 + 5점 + 4점 = 13)
반드시 모둠원의 이름과 점수를 빠짐없이 입력해 주세요. 한 사람이라도 빠지게 되면 다시 설문을 해야 합니다.

1. 모둠원의 이름을 입력하세요. *

내 답변

활동 참여에 대한 충실도(5점), 배려하는 태도(5점), 활발한 참여 및 협력(5점)의 점수를 합산하여 입력하세요. *

내 답변

[자기평가 및 동료평가 설문지]

[학생들이 제출한 타바타 운동 프로그램 영상]

수업 성찰 및 기록하기

2018 체육수업을 마무리하며...

1년 동안 체육수업에서 선생님과 함께 해 주어서 감사합니다. 지나고 보니 시간이 참 빠르네요. 마지막 구글 설문지를 통해 여러분들과의 1년을 돌아보고 정리하려 합니다. 다른 것들은 잠시 잊고 1년 동안의 체육수업을 떠올리며 집중해서 작성해 주세요.

@gmail.com (공유되지 않음) 계정 전환

* 필수항목

1. 자신의 학반과 번호를 입력하세요.(예: 1학년 1반 1번이면 1101 로 입력) *

내 답변

2. 자신의 이름을 입력하세요. *

내 답변

1년 동안 대단히 수고 많았습니다.

여러분들과 함께한 1년이 참 감사하고 행복했습니다.
많은 것들을 알려주고 싶은 열정이 욕심이 되어서 여러분들에게 많은 짐을 준 것 같기도 합니다.
부디 너그러운 마음으로 이해하고 좋은 배움과 좋은 기억만 간직해주길 부탁 드립니다.
모도 많이 나고 부족함도 많았던 선생님을 따라 1년 간 함께 달려와 주어서 참 고맙습니다.
2019년에는 더 건강하고 행복한 하루하루가 여러분들 앞에 펼쳐지길 기도하겠습니다.

고등학교 시절은 힘들고 어렵지만 그 안에서 작은 행복과 소중한 추억들도 깊이 남게 된다는 걸 잊지 말고 남은 고등학교 생활도 자신있게 자신답게 해 나가길 응원합니다.

네잎클로버는 행운을, 세잎클로버는 행복을 상징합니다. 행복을 추구하며 행운까지 선물 받는 여러분의 삶이 되길 바랍니다.

[2018년 수업 정리 설문 양식]

모든 수업이 마친 후에는 학생들이 활동한 내용을 성찰할 수 있도록 구글 설문지로 소감을 받았다. 그리고 수업 중 관찰한 학생들의 수행 과정과 학생들의 소감을 참고하여 학생들의 교과세부능력특기사항을 기록해 주었다.

학생들의 소감 중에는 협업에 대한 긍정적 이야기가 생각보다 많았다. 체육 수업 시간에 개인 기능 중심의 평가가 아니라, 함께 모둠 단위로 결과물을 만들어 낸 활동 중심의 과정과 평가가 학생들에게는 새로운 경험이었고, 특별한 의미를 느끼게 해주었던 것 같다. 학생들의 활동 소감과 교과세부능력특기사항으로 기재했던 내용의 일부를 소개한다.

〈학생들의 활동 소감과 교사 관찰〉

이름	변화 역량	변화 기록	교사 관찰
문○○	협력 정서적 유대	구글 문서를 활용해서 수업하면서 새로운 기술을 알게 되어 좋았다. 타바타 운동 영상을 찍고 편집하면서 영상 편집에 관심이 생겨서 진로가 바뀌었다. 영상을 찍고 편집하는 게 잘 맞는 것 같다고 느꼈다. 한 가지 일을 만들어내는 것에선 최대의 결과를 이끌어 내기 위해 노력하는 모습도 내게서 볼 수 있어서 좋다. 모둠 활동을 선호하지 않는 편이었는데 자주 모둠 활동을 하면 할수록 모두에게 잘되게 하려는 모습이 보여서 스스로 만족스러웠다.	협업 도구의 활용을 통해 앞으로 다가올 미래에 협력하는 방법에 대해 새로운 관점을 갖게 되었다. 자신이 맡은 역할을 충실히 수행하면서 진로에 대한 자신의 흥미와 재능을 발견했다. 모둠활동의 장점을 경험했다.

이름	변화 역량	변화 기록	교사 관찰
권○○	협력 리더십	타바타 모둠 활동을 구글 문서로 활용하여 역할을 분담하여 각자가 맡은 역할에 최선을 다하였다. 여기서 더 나아가 개인적으로 맡은 역할만 하는 것이 아니라 협력하여 완성했다. 이러한 활동을 통해 모둠장이란 역할을 맡아 친구들을 이끌 수 있는 기회가 생겨 리더십이 더 성장할 수 있었다.	모둠장 역할을 맡아 주어진 PBL 과제를 이해하고 모둠원들이 서로 소통하며 역할을 분담하여 타바타 운동프로그램을 개발할 수 있는 분위기를 마련해 주었다.
한○○	배려 협력	때론 이기적인 내가 타바타 동영상 제작하기를 통해 인내심과 협동심을 많이 기른 것 같고, 타바타 운동을 통해 많이 게을렀던 내가 움직임으로 나의 신체를 변화하는 계기가 되었던 것 같다.	개별 활동에서는 소극적인 참여를 보이다가 모둠 과제를 수행하면서 타바타 운동 영상의 완성도를 위해 열심히 운동에 참여하고 영상 제작과정에서도 다양한 의견을 제시하였다.
윤○○	협력 인내심	선생님 1년 동안 수고 많으셨습니다, 제가 비록 체육을 엄청 잘하는 건 아니었지만 항상 조용히 선생님 수업을 잘 듣고 배우고 있었습니다. 1년 동안 다른 과목들에서는 배울 수 없었던 배려, 협동, 인내심을 배우고 가는 것 같습니다. 정말 좋았고 감사했습니다.	체육에 대해 자신이 없고 다소 소극적인 면이 있지만, 묵묵히 주어진 역할을 충실히 해내고 자신의 생각들을 과제 안에서 글로 잘 표현해 냈다.
전○○	협력	재미있고 흥미로운 주제로 수행평가나 모둠원 간의 협력을 통해야만 작품을 완성할 수 있는 수행평가 덕분에 협력과 협	수업 주제에 대해 흥미를 가지고 즐겁게 참여하였으며, 적극적인 태도 덕분에 모둠원도 의

이름	변화 역량	변화 기록	교사 관찰
		동의 중요성을 한층 더 깨닫게 된 것 같습니다. 선생님 덕분에 다양한 스포츠 지식을 더 늘릴 수 있었습니다. 감사합니다.	욕적으로 함께 과제를 해결하며 긍정적 상호 작용을 했다.

〈교과세부능력특기사항 기재 내용〉

학번	이름	성별	기재 내용(타바타 수업 관련)
3100	김○○	남	타바타 운동 프로그램 제작 시 인터넷 검색과 영상 플랫폼 등을 활용하여 다양한 운동법 자료를 수집하고 적극적으로 모둠원들에게 아이디어를 제시하였으며, 특히 윗몸일으키기 동작을 할 때 올바른 자세나 속도에 대해 친절하게 안내하여 정확한 동작으로 영상이 촬영되도록 함.
3200	이○○	남	타바타 운동프로그램 제작 시 PBL형태로 제시된 과제의 해결을 위해 어떤 동작을 넣을지를 고민하고 아이디어를 내 모둠원들에게 친절하게 제시함. 자신의 의견 뿐 아니라 모둠원들의 의견까지도 적극적으로 수용하여 프로그램 제작이 원활하게 이루어지는데 기여함.
3500	윤○○	여	타바타 운동 프로그램 제작 시 몸이 아파 동작을 따라하기 힘든 상황을 대신하여 영상 편집을 맡아 모둠원의 동작이 담긴 영상을 정성스레 편집하여 완성도 있게 제작해 냄.
3600	홍○○	남	타바타 운동 프로그램 제작 시 영상 편집을 맡아 영상 편집의 매력과 다양한 활용 가능성에 대해 깨달았으며, 한 가지 일에 몰입하여 완성된 결과물을 만들어내는 자신의 모습을 발견하고 보람을 느낌. 모둠활동을 통해 이전에 발견하지 못했던 자신 안의 협업 능력과 배려심에 대해 깨닫고 자신감을 키움.

학번	이름	성별	기재 내용(타바타 수업 관련)
3700	권○○	여	타바타 운동 프로그램 제작 시 운동 수행에 대한 자신의 지식과 정보를 바탕으로 모둠원들이 어려워하는 부분에 대해 적극적으로 알려주고 도와줌. 프로그램 제작을 위한 운동 선정 시 자신이 원하는 종목 중 모둠원들에게 힘든 강도의 운동은 과감히 포기하고 모둠원들의 의견을 수용하여 모두가 함께 잘 참여할 수 있는 방향으로 프로그램을 구성함.

수업을 통해 배운 점

이 수업은 PBL이라는 교수학습 방법과 에듀테크를 접목하여 시도해 본 최초의 수업이었다. 그만큼 이전과는 다른 방식으로 진행해야 한다는 것에 신경이 많이 쓰이고 부담스러웠던 수업이었다. 하지만 수업을 마치고 나서 학생들에게 구글 설문지를 통해 피드백을 받아보면서 새로운 수업에 대한 시도가 학생들에게 또 다른 의미를 전달해 줄 수 있다는 것을 알게 되었다.

수업에서 배운 것 중 가장 기억에 남는 두 가지는 모둠이 하나의 문제를 가지고 함께 소통하면서 문제를 해결해 나가는 과정이 학생들에게 단순히 개인의 운동 기량만으로 평가받지 않을 수 있다는 것을 느끼게 해줄 수 있다는 것과 온라인을 통해서도 서로 협업 할 수 있는 방법이 존재한다는 것을 경험시켜줄 수 있다는 것이다.

이 수업에 참여했던 학생들은 고3이 되던 해에 코로나와 마주하게 되었고, 대학교 1학년까지도 코로나로 인해 비대면 상황이 일상이 되는 삶을 겪게 되었다. 대학 입학 후에 구글 문서로 조별 과제를 하고 있다면서 나에게 고등학교 1학년 때의 체육 수업에 대해 감사를 표현한 학생이 있었다. 돌이켜 보니 조금 일찍 체육 수업 안에서 에듀테크를 다루어 본 덕분에 고3 시기에도 대학 생활에도 이 학생들이 코로나 상황의 수업 환경에 조금은 수월하게 적응할 수 있었을 것이라는 생각을 하니 기분이 좋아진다.

QR코드를 활용한 자기 주도적 탐구 수업 운영 사례

WHY?(왜 시작했는가?)

변화의 벽과 마주하다.

2021년 교직 생활을 하면서 처음으로 고3 체육 수업을 맡았다. 고등학교에 온 후로 1학년이나 2학년은 맡아본 경험이 있었지만, 처음 맡게 된 고3 수업이라 그런지 덜컥 겁이 났다. 크게 교류가 없었던 학년이라 학생들과 새롭게 관계를 맺어야 한다는 것도 큰 부담으로 다가왔던 것 같다. 남녀공학의 고3 수업을 준비하면서 가장 큰 고민거리는 학생 모두 자발적으로 즐겁게 참여하는 수업을 만드는 것이었다. 성별도 다르고 기능도 다른 여러 명의 학생이 하나의 수업안에서 자발성과 즐거움을 두루 느끼며 참여하는 수업을 만들기란 생각보다 어려웠다. 그래서 어느 때보다도 수업에 대해서 고민을 많이 한 것 같다.

우물 안 개구리에서 벗어나기

초임 교사 시절 수업을 준비할 때 내가 흔히 범했던 착각은 정해진 수업자료의 틀 안에서 수업을 구상해야 한다는 생각이었다. 교과서 내에 제공된 자료와 학교에 있는 환경과 용품 내에서 모든 것을 해결하려고 한 것이다. 수업과 일상을 분리하여 바라보았고, 학교 안과 교과서 안, 교사 공동체 안에서만 수업에 대한 아이디어를 얻고 적용

시킬 수 있다는 고정관념이 한동안 내 마음속에 깊이 자리를 잡았던 것 같다. 그런데 결혼을 하고 아이를 키우면서 그런 생각이 많이 달라졌다. 아이들과 다양한 것을 보고, 듣고, 느끼고, 경험하면서 "오! 저런 것도 수업에 적용하면 재미있겠는데?"라는 생각을 하는 경우가 많이 생겼고, 그런 생각들을 수업에 접목시켜 보고 성공 경험을 쌓으면서, 학교라는 우물에서 벗어나 밖에서 더 많은 것을 경험하는 것이 수업을 위해 중요한 일이라는 생각이 들었다.

학교 밖 QR코드를 학교 안 수업에 접목하기

QR코드는 일상에서 가장 쉽고 편하게 정보를 전달할 수 있는 도구다. 여러 영역에서 QR코드는 활발하게 활용되고 있고, 다양한 아이디어에 따라 그 목적이나 효과도 다양하게 나타난다. TV 뉴스에서 중국 거지들이 QR코드를 활용하여 동냥을 한다는 내용을 보고 충격을 받았던 기억이 난다. 예전 같으면 구걸을 하는 거지에게 가진 돈이 없어서 동냥이 어렵다고 말하면 되었지만, 거지가 QR코드를 들고 다니게 되면서 스마트폰을 가지고 있는 경우에는 돈이 없다는 이야기를 하기가 어려워졌다는 내용이었다. 대형마트에서는 QR코드로 상품의 정보를 제공하기도 하고, 직접 온라인으로 주문을 할 수 있게도 한다. QR코드를 차 전면에 붙여서 차가 지나다닐 때마다 사람들이 호기심에 QR코드를 찍게 만드는 홍보 아이디어를 낸 사람도 있고, 회사의 매출이 떨어지는 시간에 QR코드로 할인을 제공하는 이벤트를 열어서 점심시간 매출액이 눈에 띄게 상승한 경우도 있다. 이처럼 일상에서 다양한 아이디어로 여러 목적을 가지고 효과를 드러내고 있는 QR코드를 수업에 활용하고 싶은 호기심이 생겼다. 마침 이런 호기심은 수업에 대한 고민과 시기가 겹쳤다. 처음 맡은 고3 학생들의 수업에 대한 고민에 대한 해결의 실마리를 QR코드를 통해 찾은 것이다.

탁구 수업 준비와 3가지 고민

고등학교 3학년 1학기 수업으로 탁구 수업을 계획하고 있었는데 어떤 식으로 학생들을 가르칠까에 대해 고민이 많았다. 그중에서도 3가지 고민이 내 머릿속에 계속 맴돌았다.

자발적 참여와 탁구 기능 향상시키기

첫 번째 고민은 학생들에게 자발적 참여를 유도하면서 제대로 된 탁구 기능을 가르치는 방법에 대한 고민이었다. 이 고민은 체육 교사로 수업 중 여러 종목을 가르치면서 가장 처음 하게 되는 고민이기도 한데, 내가 모든 종목에 대한 깊은 노하우나 탁월한 기능을 가진 것은 아니기 때문에 학생들을 지도할 때 좀 더 제대로 가르칠 수 있는 방법이 없을지에 대해서 늘 고민하게 되고 방법들을 찾게 된다. 탁구 수업을 준비하면서도 이런 고민이 생겼고, 해결하고 싶었다.

성실한 학생들이 좋은 평가를 받을 수 있게 하기

두 번째 고민은 성실한 학생들이 수업에 참여하면서 자신들의 노력만큼 좋은 평가를 받을 수 있게 만드는 것에 대한 고민이었다. 체육 교과의 특성상 기능 위주의 평가가 많기 때문에 운동 기능이 좋은 학생들은 조금만 노력해도 좋은 점수를 받아갈 수 있지만, 성실하지만 기능이 다소 부족한 학생들의 경우에는 실컷 노력하고서도 낮은 평가 점수를 받고 실망하는 모습을 볼 수 있다. 매번 평가를 진행할 때마다 이런 안타까운 장면들이 늘 마음에 걸렸고, 이런 부분은 해결할 수 있는 방법은 없을지에 대해 여러 가지로 고민을 하게 되었다.

학생들 스스로 학습하고 교사는 조력자 되기

세 번째 고민은 학생들 스스로 학습하고 교사는 조력자 역할을 하는 것에 대한 부분이었다. 학생들의 자기 주도성을 강조하고 교사에게는 관찰과 기록을 강조하는 분위기에서 체육 교사는 많은 어려움을 겪는다. 수업 내용을 가르치기도 해야 하고, 시범도 보여야 하고, 관찰도 해야 하고, 기록도 해야 하고, 학생들에게 개별 피드백도 제공해야 하기 때문에 몸이 10개라도 모자랄 지경이다. 그래서 수업 중 교사가 여유를 찾으려면 학생들이 스스로 학습에 참여하는 형태가 되어야 하고, 교사는 수업 전체를 바라보는 시야를 가진 조력자이자 관찰자, 기록자가 되어야 한다. 이런 모습을 만들기 위해서는 수업을 어떻게 설계해야 할 것인지에 대해 여러 가지 방향으로 고민을 해 보았다.

3가지 고민에 대한 해결책

3가지 고민에 대해서 여러 가지 아이디어를 떠올려 보면서 다음과 같은 해결책을 구상해 보았다.

〈탁구 수업에 대한 고민과 해결책〉

가) 자발적 참여와 탁구 기능 향상시키기
- 전문가를 통해 탁구를 제대로 배우게 하자.(코티칭, 동료교수)
- 쉬운 과제에서부터 어려운 과제까지 과제를 세분화하자.
- 학생들이 선생님 없이도 수업에 참여할 수 있도록 영상을 만들자.
- 만든 영상을 스마트폰으로 쉽게 찾아보고 활용할 수 있도록 QR코드로 제공하자.

나) 성실한 참여를 평가에 반영하기
- 꾸준히 참여하면 충분히 성취가 가능한 수준의 평가 기준을 설정하자.
- 낮은 기능 수준에도 노력한 만큼의 성취감은 경험할 수 있도록 평가 단계를 다양화하자.
- 온라인 플랫폼을 활용하여 꾸준하고 성실하게 참여한 결과물을 영상으로 올리도록 하자.

다) 관찰자, 조력자 되기
- 학생들이 수업 시간에 교사 없이도 충분히 학습이 이루어질 수 있도록 수업 설계를 세밀하게 하자.
- 수업에서 가지게 되는 넓은 시야를 통해 수업 안에서 도움이 필요한 학생들을 파악하고, 학생들이 스스로 학습하는데 도움을 주고 학습 과정을 기록하자.

WHAT & HOW?(무엇을 어떻게 했는가?)

수업 계획하기

수업 설계하기

수업에 대한 고민과 해결책을 마인드맵으로 그리면서 방향을 찾아보았다.

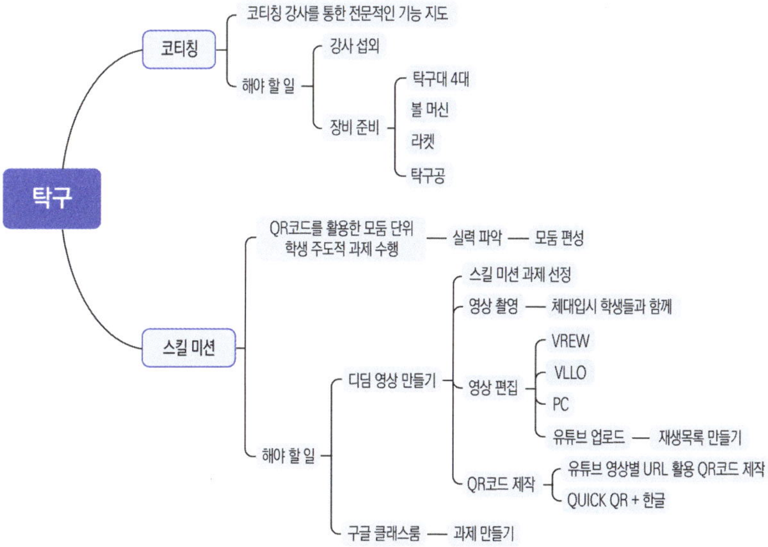

[수업 설계를 위한 마인드맵 작성]

코티칭과 스킬 미션이라는 두 꼭지를 중심으로 수업을 구상했고, 모둠을 편성하여 학생들이 서로 가르치고 배우면서 실력을 키우고 함께 성장하는 경험을 시켜주고 싶었다. 그리고 이런 내용들을 준비하는 과정에서 필요한 에듀테크를 살펴보고 적재적소에 활용하고 계획을 세우고 수업을 준비했다.

코티칭 수업 준비하기

코티칭을 위해 제일 먼저 강사를 섭외하였다. 소규모학교에서 근무할 때 학생들을 지도해 주셨던 탁구장 원장님께서 흔쾌히 학생 지도를 해주겠다고 해서 강사 섭외에는 큰 어려움이 없었다. 수업에 있어서 기능 지도는 코티칭 강사에게 주도권을 주어 학생들의 기능 향상에 최대한 초점을 맞추려 했고, 나머지 수업을 통해 배워야 할 다양한 역량을 기르는 활동의 설계는 교사가 주도적으로 설계하여 학생이 주도적으로 운영할 수 있도록 강사와 협의를 하였다. 강사 섭외 후에는 탁구대와 볼 머신, 라켓과 탁구공 등 체육관에서의 수업에 필요한 용품들은 수업 전에 모두 확보했다.

스킬 미션 과제 설계하기

학생의 자기주도적 학습을 위해 스킬 미션 과제를 설계하였다. 수업 중 학생들이 교사의 지시 없이 설계된 수업 환경 안에서 준비된 자료들을 활용해서 자발적으로 참여하고, 자신의 참여 결과물을 제출함으로써 매시간 평가에 임하도록 스킬 미션 과제를 설계하였다.

〈스킬 미션 챌린지를 40% 반영한 탁구 수행평가 기준〉

2. 수행평가 세부 기준안

1) 수행 평가 방법

학기	수행평가 영역	평 가 방 법	시기
1학기	탁구	스트로크(30%), 서비스(30%), 스킬 미션 챌린지(40%)	3~6월
	건강 체력 증진 (순발력, 건강 체력 관리 실천 및 보고서 작성)	순발력(50%), 건강 체력 관리 실천 및 보고서 작성(50%)	4~7월
	서술형평가	건강 체력, 탁구에 대한 실기 기능 수행의 원리 및 이론적 영역에 대한 이해도 평가	7월

탁구 영역 내의 평가 반영 비율을 100%로 했을 때 기능을 평가하는 스트로크와 서비스의 평가는 각각 30%씩으로 비율로 반영하였고, 학생들의 자기주도적 참여와 성실도를 반영하는 스킬 미션 챌린지는 40%의 비율로 반영하였다. 각 평가 영역을 기준으로 봤을 때에는 스킬 미션 챌린지가 반영 비율이 가장 높게 편성되도록 함으로써 학생들이 성실한 참여를 통해 좋은 점수를 받을 수 있다는 동기부여를 제공해 주고자 비율을 이렇게 편성하였다.

아래의 표는 스킬 미션 챌린지 수행평가의 평가 기준이다. 총 11단계의 미션이 주어지고, 학생들은 가장 쉬운 '탁구채 위의 공 떨어뜨리지 않기'에서부터 성취감을 느끼면서 점차 높은 단계에 도전하고자 하는 동기를 제공해 줄 수 있도록 평가 기준을 설정하였다.

〈탁구 수행평가 스킬 미션 챌린지 세부 기준안〉

<table>
<tr><td rowspan="12">스킬 미션 챌린지 (40점)</td><td rowspan="12">1. 스킬 미션 챌린지 과제의 달성 개수에 따라 점수를 부여한다.
2. 성공 여부는 교사의 관찰 또는 구글 클래스룸에 제출한 영상을 통해 확인한다.
<table>
<tr><th rowspan="2">스킬 미션 챌린지 과제</th><th colspan="2">평가기준</th></tr>
<tr><th>남</th><th>여</th></tr>
<tr><td>1. 탁구채 위의 공 떨어뜨리지 않기</td><td>20초↑</td><td>15초↑</td></tr>
<tr><td>2. 원 바운드 후 탁구채로 공 튀기기</td><td>40회↑</td><td>30회↑</td></tr>
<tr><td>3. 탁구채로 공 튀기기</td><td>40회↑</td><td>30회↑</td></tr>
<tr><td>4. 공 회전시키며 튀기기</td><td>20회↑</td><td>10회↑</td></tr>
<tr><td>5. 원 바운드 공 벽치기</td><td>40회↑</td><td>30회↑</td></tr>
<tr><td>6. 2인 1조 원 바운드 랠리</td><td>40회↑</td><td>30회↑</td></tr>
<tr><td>7. 2인 1조 원 바운드 공 벽치기</td><td>40회↑</td><td>30회↑</td></tr>
<tr><td>8. 2인 1조 노 바운드 공중 랠리</td><td>20회↑</td><td>10회↑</td></tr>
<tr><td>9. 2인 1조 1:1 랠리</td><td>20회↑</td><td>20회↑</td></tr>
<tr><td>10. 4인 1조 2:2 랠리</td><td>20회↑</td><td>20회↑</td></tr>
<tr><td>11. 노 바운드 공 벽치기</td><td>40회↑</td><td>30회↑</td></tr>
</table></td><td>11개 성공</td><td>40점</td></tr>
<tr><td>10개 성공</td><td>38점</td></tr>
<tr><td>9개 성공</td><td>36점</td></tr>
<tr><td>8개 성공</td><td>34점</td></tr>
<tr><td>7개 성공</td><td>32점</td></tr>
<tr><td>6개 성공</td><td>30점</td></tr>
<tr><td>5개 성공</td><td>28점</td></tr>
<tr><td>4개 성공</td><td>26점</td></tr>
<tr><td>3개 성공</td><td>24점</td></tr>
<tr><td>2개 성공</td><td>22점</td></tr>
<tr><td>1개 성공</td><td>20점</td></tr>
<tr><td>0개 성공</td><td>0점</td></tr>
</table>

영상 촬영 및 편집하기(디딤 영상 제작하기)

평가 기준을 설정한 후에는 학생들에게 제공할 자기주도적 학습용 디딤 영상을 제작했다. 영상은 체육대학 입학을 희망하는 학생들과 함께 방과후 수업을 마치고 촬영하였다. 영상은 스킬 미션 과제 11개와 탁구 볼 머신 사용법에 대한 영상까지 총 12개를 촬영하였다.

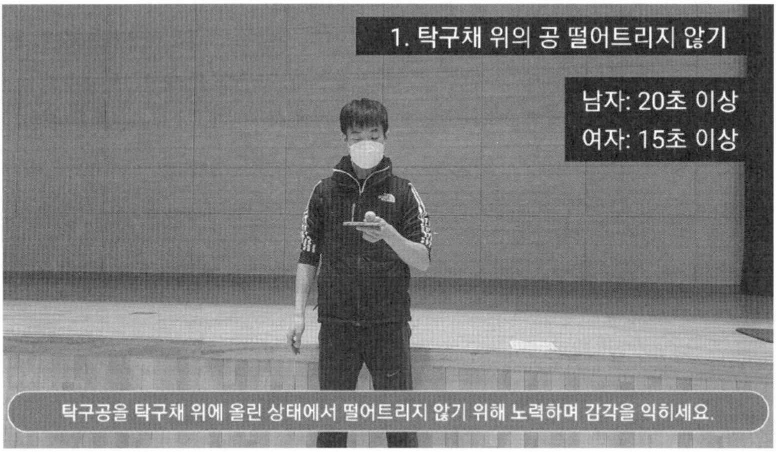

[스킬 미션 과제 안내를 위한 영상 촬영]

영상 촬영 후에는 촬영된 영상을 편집하였다. 편집 과정에서는 Vrew와 VLLO라는 앱을 활용하였다. 영상에는 각 과제에 대한 설명과 함께 평가 기준을 제시하여 학생들이 영상만 보고도 어떤 과제를 어떻게 수행해야 하는지, 과제의 달성도는 어떠해야 하는지를 스스로 확인할 수 있도록 하였다. 수업 중 교사에게 과제를 어떻게 수행해야 하는지 묻지 않고 스스로 과제에 대해 이해하고, 교사가 없더라도 충분히 과제를 수행할 수 있도록 하는 것에 목적을 두고 최대한 구체적으로 영상에 모든 내용을 포함하였다.

유튜브 업로드 및 재생목록 만들기

[촬영한 안내 영상을 유튜브에 업로드 후 재생목록 만들기]

만들어진 영상은 유튜브에 업로드하였고, 하나의 재생목록으로 묶었다. 그리고 유튜브 재생목록의 링크와 개별 영상들의 링크를 필요에 따라 활용할 수 있도록 따로 모아두었다.

QR코드 제작하기

영상 업로드 및 재생목록 제작 후에는 모아둔 각 영상의 링크와 재생목록의 링크를 QR코드로 제작하였다. 완성된 QR코드를 모아서 학생들이 수업 중 스스로 학습할 수 있도록 활동 안내지를 다음과 같이 제작하였다.

〈유튜브 업로드 영상 QR코드〉

스킬 미션 챌린지 과제 QR코드					
1. 탁구채 위의 공 떨어뜨리지 않기		5. 원 바운드 공 벽치기		9. 2인 1조 1:1 랠리	
2. 원 바운드 후 탁구채로 공 튀기기		6. 2인 1조 원 바운드 랠리		10. 4인 1조 2:2 랠리	
3. 탁구채로 공 튀기기		7. 2인 1조 원 바운드 공 벽치기		11. 노 바운드 공 벽치기	
4. 공 회전시키며 튀기기		8. 2인 1조 노 바운드 공중 랠리		QR코드를 통해 각 과제의 실시 방법을 이해하고 영상으로 활동을 촬영해 봅시다.	

[탁구 수업을 위한 영상 재생목록 QR코드]

수업 환경 구성하기

구글 클래스룸에 과제 제출 공간 만들기

영상 제작 및 편집 후에는 학생들이 수행한 과제를 영상으로 촬영하여 제출할 수 있도록 구글 클래스룸에서 과제 제출함을 만들었다.

[영상 제출을 위한 영상 제출함 만들기]

과제 제출함을 스킬 미션 과제의 수와 동일한 11개를 만들었다. 각 과제 제출함에는 영상 평가 기준과 각 과제별로 제작된 디딤 영상을 함께 첨부하여 학생들이 주어진 과제를 정확히 확인하고 수행 영상을 제출할 수 있도록 구성하였다.

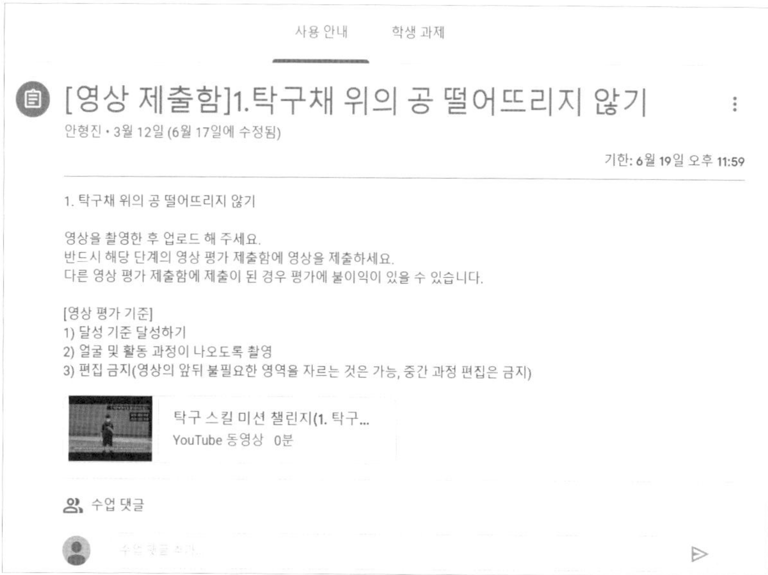

[각 스킬 미션 챌린지별 영상 제출 안내 과제 세부 내용]

체육관 수업 환경 구성하기(탁구대, 탁구채, 볼 머신, 평가 기준 세팅)

수업을 위한 체육관 수업 환경은 다음과 같이 구성하였다. 먼저 4개의 모둠이 활동할 수 있도록 탁구대를 4대 배치하였고, 학생들의 인원수에 맞추어 탁구채를 준비하고, 충분한 연습을 할 수 있을 만큼의 탁구공을 확보하였다. 자기 주도적 학습 중 탁구 볼 머신을 활용한 활동에 참여시키기 위해 탁구 볼 머신 1대를 배치하였고, 스트로크와 서비스 평가 시에 평가의 난이도를 부여하고, 변별의 기준을 잡고자 탁구대 위에 주황색 종이테이프로 라인을 표시해 두었다.

[탁구 수업을 위한 체육관 환경 구성하기]

수업 운영하기

자기주도적 탁구 수업을 위해서는 구체적이고 세밀한 설계도 중요하지만 운영 단계에서 학생들이 주도적으로 참여할 수 있는 환경을 조성해주고 학생들에게 수업의 주도권을 전적으로 맡기는 과정이 필요하다. 지금부터는 자기주도적 탁구 수업을 어떻게 운영했는지에 대해서 이야기 해 보겠다.

오리엔테이션(친밀감 형성, 수업의 방향 안내하기, 구글 클래스룸 가입 안내)

자기 주도성 확보를 위해서는 학생들이 수업에 즐거운 마음으로 참여하는 것이 가장 중요하다. 첫 시간에는 학생들끼리 친밀감을 형성할 수 있도록 간단한 공동체 활동을 준비하여 학생들이 참여할 수 있도록 했다. 그리고 수업 안내 프레젠테이션 자료를 준비하여 자기 주도적인 체육 수업의 필요성에 대한 동기부여를 하고, 수업의 방향에 대해서 안내해 주었다. 코로나 이후의 변화된 체육 수업의 모습에 대해 이야기 하면서, 가정에서든 학교에서든 학생들이 주도적으로 수업에 참여할 수 있도록 하기 위해 교사가 무엇을 고민하였고, 어떻게 수업을 설계하였는지에 대해 학생들에게 자세히 설명해 주었다.

[친밀감 형성 활동]

[동기부여 영상 시청]

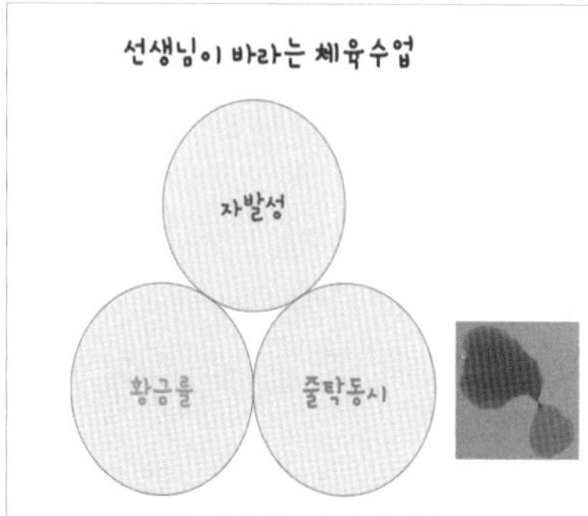

[교사의 수업 방향 안내]

그리고 학생들이 주도적으로 수업에 참여하고 과제를 제출할 수 있도록 준비한 온라인 플랫폼인 구글 클래스룸에 가입할 수 있도록 수업코드를 알려주고 가입을 시켰다.

[구글 클래스룸 가입을 위해 수업코드를 입력 중인 학생들]

탁구 경험하고 모둠 편성하기

두 번째 시간부터는 코티칭 강사와 함께 탁구의 스트로크와 서비스에 대한 기능을 가르쳤다. 2~3차시에는 학생들에게 기능을 정확하게 가르치려 하기보다는 탁구라는 종목이 흥미롭고 즐거운 종목이라는 것을 경험시키는 수준에서 수업을 진행하였다. 자연스럽게 활동에 참여하는 사이 학생들의 기능 수준을 진단하고 균형 있는 모둠을 구성하기 위한 준비를 하였다. 스트로크와 서비스에 대해 가르치고 탁구에 대한 흥미를 키워주면서 학생들의 수준을 파악하였고, 코티칭 강사와의 협의를 통해 모둠에서 친구들을 가르치는 교사 역할을 수행하게 될 우수 학생들을 선발하였다.

선발된 학생들을 통해 모둠 편성위원을 조직하고, 서로 협의를 통해 민주적으로 모둠을 균형 있게 구성하도록 역할을 부여하였다. 모둠 구성 단계에서부터 학생들이 주도적인 역할을 할 수 있도록 하였고, 이를 시작으로 학생 주도적으로 수업이 운영되도록 모둠 편성을 위한 규칙을 포함한 편성 용지를 편성위원에게 제공하였다.

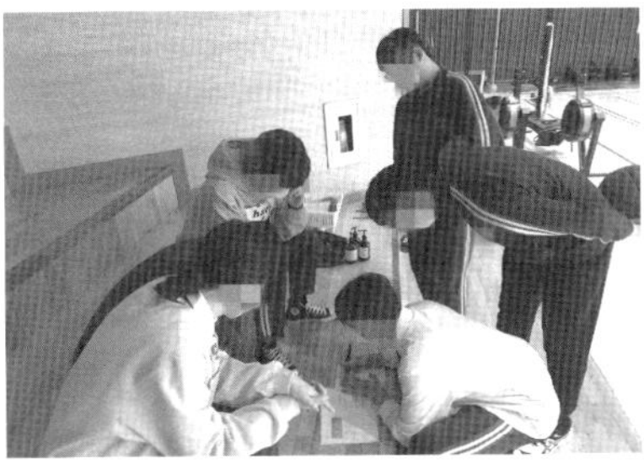
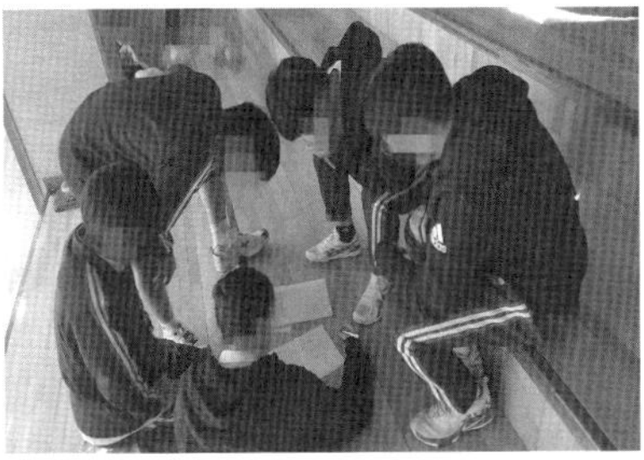

[모둠 편성위원들의 모둠 편성 협의 장면]

모둠 편성 시에는 다음과 같은 사항을 고려하여 모둠을 편성하도록 안내하였다.

〈모둠 편성 시 고려사항〉

원활한 의사소통을 통해 공정한 모둠 편성하기
- 모둠 간 인원수를 균형 있게 편성하기
- 모둠 간 성비를 균형 있게 편성하기
- 1차 편성된 결과를 학급 구성원들에게 공개하고 의견 수렴하기
- 필요한 경우 일부 명단을 재조정하여 최종 명단 확정하기
- 모둠 확정 후 구성된 모둠으로 수업 참여하기

〈모둠 편성 용지 양식_1〉

탁구 실력 향상을 위한 모둠 편성하기

학년 반

□ 모둠의 역할

1. 탁구 기능 연습 시 모둠 내에서 협력하여 실력 향상 경험
2. 모둠원과 함께 경기 참여 경험하기
3. 협력적 과제수행

□ 모둠 편성 방법

1. 4개(7반은 3개) 모둠을 편성
2. 체육부장 포함 학급별 모둠 편성 위원 4-5명이 협의하여 모둠 편성, 편성 위원 구성은 남학생과 여학생이 고르게 참여

※ 모둠 편성위원들은 공정하고 고르게 모둠원이 편성될 수 있도록(실력 차이가 많이 나서 불만이 생기지 않도록) 힘쓰고, 선발 과정에서 학생들이 소외되거나 위축되지 않도록 할 것. (예: 선발 과정에서 못하는 학생

을 마지막에 뽑는 모습을 보이지 말 것. 모둠 편성 과정은 선정 위원들만 알고 외부 누설 금지)

□ 모둠 편성 기준

1. 모둠별 인원 수를 동일하게 편성(1명 이상 차이가 나지 않도록)
2. 모둠별 실력의 차이가 많이 나지 않도록 고르게 편성
3. 편성 과정에서 마음을 다치는 친구가 발생하지 않도록 보안을 잘 유지하여 공정히 편성할 것.

□ 모둠 편성위원 서명

나는 탁구 실력 향상을 위한 모둠을 편성함에 있어 공정하고 정확하게 모둠을 편성하여 모두가 즐겁게 활동에 참여할 수 있도록 최선을 다하겠습니다.

편성위원 서명(이름을 쓰고 이름 옆에 서명)

이름	서명	이름	서명	이름	서명

〈모둠 편성 용지 양식_2〉

탁구 모둠 편성 용지

학년 반

모둠	모둠원 명단 (예시: 1101 홍길동)
1모둠	
2모둠	
3모둠	
4모둠	
모둠편성 위원 구성하기	한 학급 내에 체육부장을 포함한 4~5명의 모둠 편성위원을 구성하기 자발적으로 모둠을 편성하도록 권한 부여하기

모둠 단위 스테이션식 수업 운영하기

모둠 편성이 된 이후로는 탁구 스윙 연습, 스트로크 연습, 서비스 연습, 코티칭 강사를 통한 기능 지도의 4가지 활동 과제를 수행하도록 공간을 구성하여 스테이션식 수업을 운영하였다. 2~3차시에서 선발된 모둠 내 우수 학생들은 각 장소에서 활동을 진행할 때 모둠원의 수행을 돕는 역할을 하게 함으로써 학생들이 서로 가르치고 배우도록 하였다.

스테이션 중에서 한 곳에서는 강사를 통해 전문적인 기능을 습득하고, 나머지 공간에서는 우수 학생이 리더가 되어 모둠원에게 도움을 주면서 배운 내용을 반복해서 연습할 수 있도록 환경을 구성하였다. 정해진 시간이 되면 다음 스테이션으로 이동하는 밀어내기식으로 운영을 하였고, 체육 교사는 기본적으로는 학생들이 각 스테이션에서 주도적으로 잘 활동하고 있는지를 관찰하고, 개인별 특이사항을 체크하고 기록하는 역할을 수행하였다. 각 모둠에서 어려움을 겪고 있거나 추가적인 도움이 필요한 학생들이 있는 경우에는 해당 학생들을 모아서 개별 지도하는 역할도 수행하였다. 코티칭 강사의 수업이 끝난 후부터는 강사의 기능 지도 활동 대신 볼 머신을 활용한 연습 단계를 포함하였다. 볼 머신 활용 방법은 촬영해 둔 유튜브 영상을 학생들에게 제공하여 익히도록 하였고, 볼 머신의 기능을 적극 활용하여 주도적으로 연습하도록 자율권을 부여하였다.

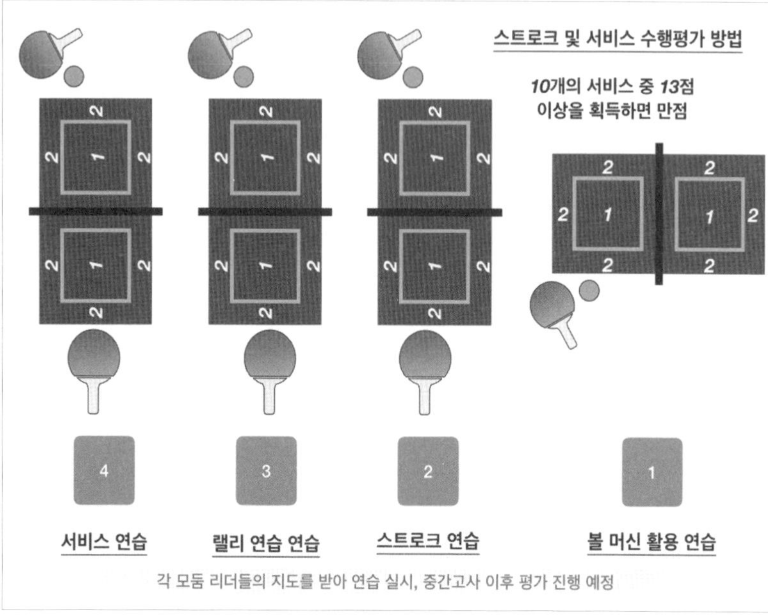

[스트로크 및 서비스 수행평가 방법 안내 자료]

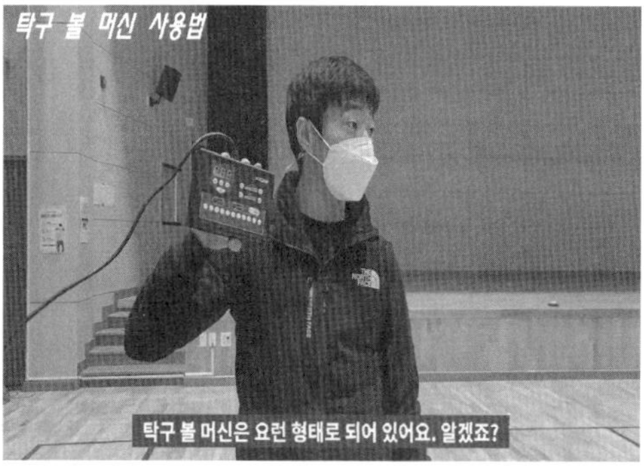

[볼 머신 사용법 안내를 위한 영상]

[탁구 볼 머신 사용법 안내 영상]

스킬 미션 과제 수행하기

〈화이트보드에 게시된 스킬 미션 과제 안내 자료〉

스킬 미션 챌린지 과제 QR코드					
1. 탁구채 위의 공 떨어뜨리지 않기		5. 원 바운드 공 벽치기		9. 2인 1조 1:1 랠리	
2. 원 바운드 후 탁구채로 공 튀기기		6. 2인 1조 원 바운드 랠리		10. 4인 1조 2:2 랠리	
3. 탁구채로 공 튀기기		7. 2인 1조 원 바운드 공 벽치기		11. 노 바운드 공 벽치기	
4. 공 회전시키며 튀기기		8. 2인 1조 노 바운드 공중 랠리		QR코드를 통해 각 과제의 실시 방법을 이해하고 영상으로 활동을 촬영해 봅시다.	

탁구 스킬 미션 챌린지

기초 단계부터 시작해서 하나씩 미션을 달성해 봅시다.
미션을 달성하면서 자연스럽게 탁구 실력을 키울 수 있습니다.

스킬 미션 챌린지 과제	달성 기준		활동 목표
	남	여	
1. 탁구채 위의 공 떨어뜨리지 않기	20초↑	15초↑	탁구와 친해지기
2. 원 바운드 후 탁구채로 공 튀기기	40회↑	30회↑	탁구와 친해지기
3. 탁구채로 공 튀기기	40회↑	30회↑	동체시력 기르기
4. 공 회전시키며 튀기기	20회↑	10회↑	동체시력 기르기
5. 원 바운드 공 벽치기	40회↑	30회↑	동체시력 기르기
6. 2인 1조 원 바운드 랠리	40회↑	30회↑	협동과 배려 익히기
7. 2인 1조 원 바운드 공 벽치기	40회↑	30회↑	협동과 배려 익히기
8. 2인 1조 노 바운드 공중 랠리	20회↑	10회↑	협동과 배려 익히기
9. 2인 1조 1:1 랠리	20회↑	20회↑	탁구 경기 기능 연습
10. 4인 1조 2:2 랠리	20회↑	20회↑	탁구 경기 기능 연습
11. 노 바운드 공 벽치기	40회↑	30회↑	순발력과 반응력 키우기

[스킬 미션 챌린지 수행을 위한 과제 확인]

스킬 미션 과제 수행하기는 다음과 같은 순서로 진행하였다. 학생들은 QR코드로 제공된 과제 설명 영상과 체육관에 배치된 태블릿과 모니터, 자신이 휴대한 개인 스마트폰 내의 구글 클래스룸 과제 등을 참고하여 스스로 스킬 미션 과제를 확인하고, 모둠원과 함께 스킬 미션 과제를 수행하였다.

가장 쉬운 1단계에서부터 가장 어려운 11단계까지 각 단계별로 과제를 수행하고 성공한 과제의 수행 영상을 촬영하여 구글 클래스룸에 업로드 하도록 안내하였다. 학생들은 작은 과제를 달성하면서 성취감을 경험하고 그 성취감을 용기 삼아 다음 과제에도 도전하였다. 단계가 올라가면서 2인 또는 4인이 함께하는 과제는 서로 마음을 맞추어 연습을 통해 성취하며 협동심을 키웠고, 서로의 활동을 촬영해 주면서 서로 소통하는 기회도 되었다.

〈학생들의 입장에서 영상 촬영 후 구글 클래스룸으로 과제 제출하기 순서〉

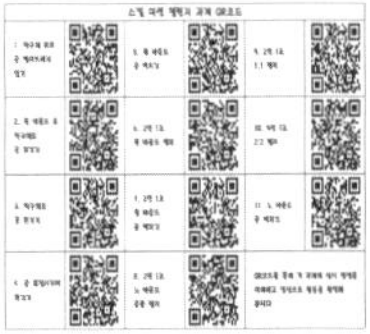

과제 제시 및 과제 확인

연습 및 영상 촬영하기

구글 클래스룸 접속하기

해당 과제 수행 방법 및 평가 기준 재확인

업로드 선택

영상 선택 및 업로드

자기주도적 탐구 수업 참여결과 확인 및 기록하기

(1) 개별 과제 제출현황 확인하기

구글 클래스룸 내의 학생 과제 확인 기능을 통해 각 과제별로 학생들의 제출 현황을 확인할 수 있고, 미제출 학생에 대해서는 독려를 할 수 있다. 한 차시에 평가가 이루어지는 것이 아니라 매번의 수업 시간마다 수행을 할 수 있는 기회가 주어지기 때문에 미도달 학생 또는 진도가 늦은 학생들은 개별 과제 제출 현황을 확인한 후 교사 또는 모둠 내 리더가 적절한 도움을 제공하는 방식으로 운영하였다.

[구글 클래스룸에 제출된 수행 영상 현황]

(2) 과제 제출 현황 전체 확인하기

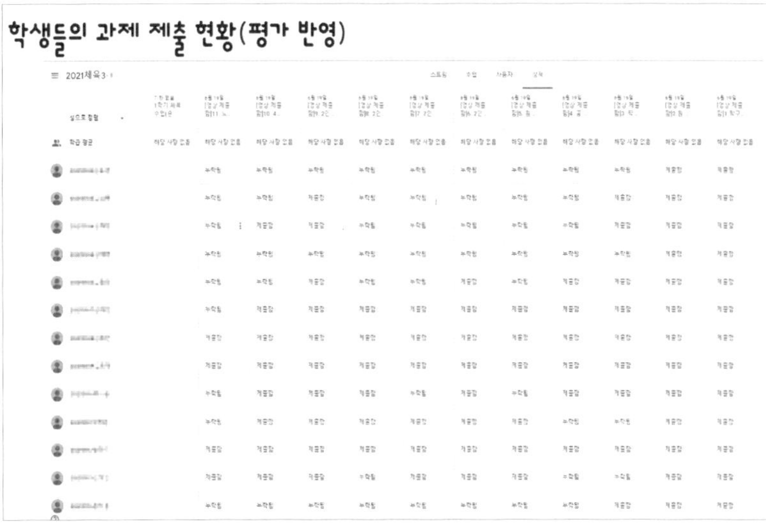

[학생들의 과제 제출현황]

업로드 된 과제는 교사의 입장에서 누락된 것과 제출된 것으로 구분되어 위와 같은 형태로 볼 수 있었다. 이렇게 제출된 과제들을 한눈에 파악하면 평가에 있어서 누가 성실했고, 누가 성실하지 않았는지를 파악할 수 있다. 다소 기능은 낮지만 성실한 학생들은 자신이 성실히 참여한 결과를 통해 만족스러운 점수를 받을 수 있고, 성취감도 경험할 수 있다. 반대로 성실하지 않았던 학생들은 수업에 있어서 성실함이 중요한 평가 요소일 수 있다는 것을 깨닫는 기회가 된다. 수업의 결과를 구글 클래스룸을 통해 확인함으로써 수업 설계 단계에서 고려했던 성실한 학생이 좋은 결과는 얻을 수 있도록 하기 위해 어떻게 해야 할지에 대한 고민에 완벽한 정답은 아니지만 하나의 방향성은 찾았다는 느낌을 받았다.

수업 성찰 및 기록하기

(1) 학생들의 활동 소감 기록 및 교사의 관찰 기록

[2021년 1학기 수업 정리 설문 양식]

수업 후반부에는 수업 중 학생들이 참여하면서 느낀 점들을 구글 설문지를 활용하여 소감문 형태로 작성하도록 하였다. 수업 중 학생들이 경험하고 느낀 것들을 기록하게 함으로써 학생 스스로 성찰하는 기회를 제공하고, 교사의 입장에서도 수업 중 관찰과 더하여 학생들의 변화를 더 구체적으로 파악할 수 있도록 하기 위함이었다. 다음은 학생들이 기록한 소감문의 일부와 교사의 관찰 내용을 기록한 것이다.

〈학생들의 활동 소감과 교사 관찰〉

이름	변화 역량	변화 기록	교사 관찰
이○○	협력 리더십	탁구 스킬 미션 활동에 참여하면서 친구들에게 촬영을 부탁하고, 친구들의 수행을 촬영하는 과정을 통해 서로 협동하는 마음을 키울 수 있었다. 내가 먼저 숙달한 기능을 친구들에게 알려주고 친구가 수행의 향상을 경험하는 것을 보았을 때 뿌듯한 마음을 느꼈다.	서로 영상을 촬영해 주는 과정을 통해 협력하고, 먼저 익힌 기능을 친구에게 알려주면서 리더십을 키웠다.
윤○○	정서적 유대 협력	체육 할 때마다 수행평가 같은 경우에는 늘 혼자 준비했었어야 해서 난감했고 부담스러웠는데 팀을 이뤄 활동하게 되니 모르는 부분도 친구들한테 배울 수 있어서 좋았습니다. 처음에는 탁구 할 때마다 공이 날아가고 잡지도 못했었는데 선생님의 지도에 따라 열심히 연습한 결과 이제는 탁구를 좀 칠 수 있게 되었습니다. 열심히 하면 안 될 것은 없구나 하고 느꼈습니다. 공부에 있어서도 포기하지 않고 열심히 해나가면 언젠가 내가 원하는 것을 이룰 수 있겠다는 생각이 생겼습니다.	체육 수업에서 개인이 평가를 준비해야 하던 것과 달리 함께 평가를 준비하면서 정서적 유대를 경험하고, 협력을 통해 활동에 대한 자신감도 커졌다.
권○○	정서적 유대 협력	탁구를 처음 배울 때 아무것도 모르는 상태였는데 탁구 선생님께 배우고 연습하면서 실력이 느는 것이 느껴졌다. 탁구 같은 스포츠는 좋은 점수를 얻지 못할 거라고 생각했는데, 좋은 점수를 받게 되어서 뿌듯하고 기뻤다. 탁구 미션도 5단계를 넘지 못할 거라고 생각했는데 영상을 보면서 연	처음 탁구를 하면서 자신감이 없고 위축되어 있었던 학생이었다. 모둠 활동을 통해 정서적 유대를 경험하면서 활동 참여에 대한 부담이 많이 감소되었고, 친

이름	변화 역량	변화 기록	교사 관찰
		습하고 친구가 옆에서 열심히 도와준 덕분에 1개 미션을 빼고 다 성공할 수 있었다. 도와준 친구에게 정말 고마웠다. 앞으로도 운동 활동들을 열심히 해야겠다고 생각했다.	구의 도움을 받아 여러 미션을 성공해 내면서 자신감도 커졌다.
김○○	조직에 대한 이해 협력	1학기 동안 탁구 수업을 하면서 탁구 노베이스였던 내가 탁구 수행평가에서 나쁘지 않은 점수를 얻기까지 노력했다. 탁구 스트로크를 어떻게 치는지 룰은 어떻게 되는지 등을 알게 되어서 좋았다. 탁구 스킬미션을 두 명이서 팀을 이뤄서 해낼 때는 성취감과 협동심을 기를 수 있었다. 1학기 동안 체육 수업에 열심히 참여하며 생각보다 한 활동이 많아서 뿌듯하다. 앞으로 남은 수업도 열심히 참여해야겠다.	모둠을 중심으로 진행된 활동에 참여하면서 조직에 대한 이해를 높이고, 모둠원과 함께 다양한 과제를 수행하면서 성취감과 협동심을 키웠다.

(2) 교과세부능력특기사항 기재 내용

수업 중, 수업 후 학생들의 활동을 관찰하고 기록한 후, 학생들의 수행 과정과 결과를 확인하고 피드백을 제공하였다. 그리고 기록된 결과로 생활기록부 교과세부능력특기사항을 작성했다. 다음은 자기주도적 탁구 수업을 실시한 후 기록한 생활기록부의 일부 자료다. 학생들이 경험하는 다양한 경험과 감정들을 수업 중 관찰과 수업 성찰 소감문 확인 등을 통해 확인하고 기록해 주었다.

〈교과세부능력특기사항 기재 내용〉

학번	이름	성별	기재 내용(탁구 수업 관련)
3100	김○○	남	탁구 스킬 미션 수행 시 실수와 실패를 거듭하면서 어려움을 겪기도 하였으나 친구와 함께 포기하지 않고 미션을 하나씩 수행하면서 실력의 향상을 경험하고 성취감과 뿌듯함을 경험함. 탁구 코티칭 강사를 통해 탁구의 기초 기능인 스트로크와 서비스의 기능에 대해 배우고 어떻게 서비스를 넣어야 상대의 영역으로 공을 정확하게 보낼 수 있는지에 대해 이해하고 할 수 있게 됨. 스킬 미션 수행 중 어려움을 겪는 친구에게 자신이 익힌 기술에 대한 요령을 알려주고 격려해 줌으로써 친구의 수행 향상에 도움을 주며 뿌듯함과 보람을 느낌.
3200	이○○	남	수업 전 탁구에 대한 사전 경험은 있었으나 제대로 배워본 적이 없어 수업으로 탁구를 배우는 것에 대해 흥미를 가지고 참여함. 탁구 코티칭 강사에게 스트로크와 서비스의 구체적이고 정확한 실시 방법에 대해 배우고 연습하면서 실력이 향상되는 것을 경험하고 성취감을 느낌. 자신의 수행 뿐 아니라 친구들의 수행을 관찰하고 좋은 자세를 자신의 자세에 적용하며 실력을 향상시키고자 노력함. 전문가의 지도와 친구와 자신의 동작을 비교하는 과정을 통해 자신의 부족함을 발견하고 그것들을 개선하는 과정의 중요성과 가치에 대해 깨닫고 뿌듯함을 느낌. 이를 바탕으로 앞으로 살아가는 과정에서도 노력을 통해 자신의 부족함을 채우는 습관을 키우고자 다짐함.
3500	윤○○	여	탁구 수업 시 자신이 부족한 서비스 기능에 대하여 모둠 리더의 도움을 받아 기량을 향상시키고, 배운 내용을 모둠원들에게 공유하며 모둠원의 실력 향상에 기여함. 탁구 스킬 미션 영상 촬영 시 영상 촬영을 위해 여러 차례 동작을 반복하는 과정에서 실력이 향상됨을 경험하였으며, 서로의 동작을 촬영하며 도움을 주고 받는 과정을 통해 협동심과 배려심을 키움. 친구를 가르치고 친구에게 배우기도 하면서 가르치고

학번	이름	성별	기재 내용(탁구 수업 관련)
			배우는 것의 즐거움과 함께 성장한다는 것의 가치를 깨닫고, 가르치는 일에 대한 전문성과 올바른 마음가짐을 더 키우고자 다짐함.
3600	홍○○	남	탁구 수업 초기에 라켓으로 공을 맞추는 것이 익숙하지 않고 원하는 대로 활동이 진행되지 않아 어려움을 겪었으나, 잘되지 않는 부분에 대하여 의문을 가지고 질문하고, 좋은 방법들을 고민하고 연습하면서 실력을 향상시키고 성취감을 경험함. 체육 교사의 스트로크 지도 시 탁구대 밖으로 떨어지는 공을 자발적으로 주워주며 친구들이 지도를 잘 받을 수 있도록 도와줌. 탁구 기능을 적용한 스킬 미션 과제 수행 시 모둠원과 함께 과제를 하나씩 해결하는 것과 서로 촬영을 해주며 서로의 수행을 돕는 것에 즐거움을 느끼며 적극적으로 참여하였으며, 참여 과정을 통해 협동심과 배려심을 키움.

수업을 통해 배운 점

코티칭 강사를 통한 기능의 숙달과 체육 교사의 수업 설계를 통한 자기 주도적 학습이 어우러진 수업을 통해 학생들은 탁구에 대한 기능을 즐겁게 익히고 필요한 역량들도 키울 수 있었다. 수업을 하게 되면서 과정중심평가와 학생중심수업에 에듀테크가 어떻게 적용되어야 할 것인가에 대해 하나의 방향을 찾은 것 같다. 학생이 주도적으로 학습하는 것에 초점을 맞추어 설계된 수업을 운영하면서 학생들이 스스로 학습 자료를 이해하고, 모둠 안에서 서로 가르치고 배우며 과제를 해결해 나가는 모습을 보면서 교사가 수업 중에 열심히 가르치는 것도 중요하지만 그보다 앞서서 수업을 예측하고 미리 구체적이고 세밀하게 설계하는 과정이 무엇보다 중요하다는 것을 알게 되었다. 학생들이 스스로 학습할 수 있도록 수업을 잘 설계해두면 학생들은 모둠 안에서 함께 협력하면서 주어진 과제들을 해결해 나갈 수 있고, 스스로 실력을 향상시킬 수 있다. 그리고 교사는 수업 중 좀 더 많은 여유와 넓은 시야를 확보함으로써 학생들을 관찰하고 기록할 수 있으며, 보다 많은 학생들을 살피고, 개별적이고 구체적인 피드백 제공이 가능하다. 또한 소외되거나 도움이 필요한 학생들에게 좀 더 많은 물리적, 심리적 에너지를 쏟을 수 있게 된다. 이런 형태의 수업 운영은 교사에게 수업 장면을 폭넓게 바라볼 수 있는 넓은 시야를 제공하고 수업의 과정이 중시되는 수업이 운영되는 데 도움을 줄 수 있기 때문에 선생님들의 수업에도 도움이 될 만한 부분들이 있다고 생각한다. 필요한 부분들을 찾아서 꼭 적용해 보시면 좋겠다. 그리고 QR코드를 적극적으로 활용하는 것이 매우 효율적이라는 것도 느꼈다. 텍스트나 영상 자료를 제공하는 목적 뿐 아니라, QR코드로 자료를 제공하는 것이 학생들 입장에서는 호기심을 자극하기도 하고, 자신이 무언가 직접 정보를 취한다는 느낌을 받기 때문에 QR코드를 활용한 다양한 수업 아이디어를 구상해보는 것도 좋을 것 같다. 과거의 아나공 수업이 학생들에게 주도권을 주고 교사는 방임적 태도를 보이는 방식이었다면, 새로운 형태의 아나공 수업은 치밀하게 수업을 설계해서 학생들이 주도적으로 그 틀 안에서 자발적으로 활동하게 만들고 교사는 관찰과 피드백, 기록 등의 역할을 수행하는 방향이지 않을까?

AR앱을 활용한 체육 수업 사례

WHY?(왜 시작했는가?)

고등학교 3학년 2학기의 수업에 대한 고민

2021년, 교직 생활 중 처음으로 고3 체육 수업을 해 보았다. 고등학교에 근무하면서 1, 2학년 수업만을 해 오다가 고3 수업을 하니 무언가 느낌이 좀 다르다는 것을 직감했다. 그동안 내가 해왔던 수업은 내가 설계한 수업의 틀에 학생들을 초대하고, 그 틀 안에서 학생들이 조금씩 적응하면서 무언가를 배우는 형태로 진행되었다. 다행스럽게도 학생들이 내가 만든 수업의 틀 안에 들어와 열심히 활동해 주었고, 나는 내가 만든 수업이 훌륭하지는 않지만 내 나름대로는 학생들에게 도움이 되는 괜찮은 수업이라는 생각을 가지고 있었다. 그런데 고3 수업을 하면서 그런 환상이 무너졌다. 학생들의 입장을 고려하지 않고 일방적으로 내가 설계한 수업의 틀에 학생들이 들어오는 것을 힘들어했기 때문이다. 그래서 그동안의 수업의 틀에 대해 고민하고 학생들의 입장에서 무엇이 좀 더 자발적인 수업 참여를 불러올 수 있을까에 대해서 고민을 했다. 특히나 수시 원서를 쓰고, 수능을 치르게 되는 고등학교 3학년 2학기 수업의 준비 때문에 나는 생각이 참 많았다. 솔직히 말하면 이때 나는 수업이 무너지는 듯한 느낌을 받았고, 그만큼 힘든 시간을 보냈다. 수업에 대한 두려움이 들 정도였다. 그렇지만 그 덕분에 학생들에 대해서 좀 더 깊이 이해하게 되었고, 새로운 관점에서 수업을 생각할 수 있게 되었다.

학교 밖, 아이들의 놀이에서 답을 찾다.

2021년 봄에 우연히 우리집 두 아들을 데리고 안동의 실내 VR/AR 체험관에 놀러갔다. 언제부터인지 정확히 파악할 수는 없지만, 아이들이 노는 실내 체험 장소에는 VR/AR을 활용한 놀이 시설이 한두 개씩은 꼭 있는 것을 발견할 수 있다. 안동의 VR/AR 체험관에는 이런 VR/AR 체험 기기들을 한꺼번에 모아두고 다양하게 체험할 수 있는 공간이 마련되어 있었다. 이전에는 아무 생각 없이 아이들이 노는 모습들을 지켜봐 왔었는데 문득 저런 활동들을 고등학교 3학년들도 참여하면 즐겁게 할 것 같다는 생각이 들었다. 그러면서 학교 안에서 어떻게 저런 활동들을 학생들에게 참여시킬 수 있을지에 대해 고민하기 시작했다. 학교에 VR/AR 장비를 다 설치하고 학생들에게 체험시키는 것은 현실적으로 어려운 일이지만 스마트폰 앱을 잘 활용하면 학생들이 즐겁게 자발적으로 신체활동에 참여할 수 있겠다는 생각이 들었다. 그때부터 체육 수업에 활용이 가능할 만한 앱들을 찾기 시작했다.

WHAT&HOW?(무엇을 어떻게 했는가?)

수업 준비하기

수업에 적합한 앱 찾기

수업을 위해서 가장 먼저 해야 할 일은 적합한 앱을 찾는 일이었다. 학생들의 스마트폰 기종에 관계 없이 설치 및 사용이 가능하고, 학생들의 참여가 쉬우며, 결과를 쉽게 확인할 수 있어야 한다는 기준을 두고 앱을 찾았다. 개인적으로 산 아이패드와 주로 쓰는 안드로이드 스마트폰에서 앱을 검색하고 설치한 후 사용해 보면서 적합한 앱들을 찾아보다가 다행스럽게도 두 기종에 다 설치가 가능한 앱을 발견했다.

수업 설계하기

사실 이 수업은 고3 2학기의 파행적 운영을 방지하고 학생들에게 최소한의 신체활동이라도 자발적으로 유도하기 위해 준비한 수업이었다. 그래서 타 수업처럼 평가계획이 세부적으로 수립되어 체계적으로 운영된 수업은 아니었다. 하지만 학생들이 흥미를 가지고 자발적으로 참여할 수 있도록 내용을 최대한 구체적으로 설계하고자 노력하였다.

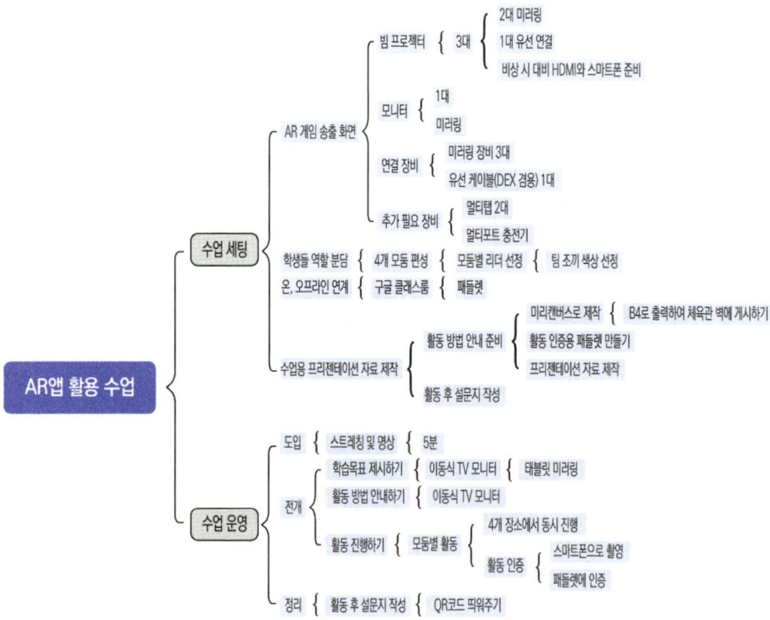

[수업 설계를 위한 마인드맵 작성]

수업에 필요한 장비 확보

우선 수업에 필요한 장비들을 파악했다. 오프라인 수업에서는 학생들이 좀 더 큰 화면에서 모둠 단위로 활동을 즐길 수 있도록 하기 위해 3대의 빔프로젝터를 확보했고, 대형 TV 모니터를 1대 확보했다. 그리고 스마트 기기와 대화면 장비들을 연결하기 위해 미러링 장비를 준비했다. AR 앱 테스트 결과 카메라 센서가 각도에 따라 민감하게 반응하는 것을 확인하고 미세 각도 조절이 가능한 거치대를 구매하고, 모둠 활동 장소별로 전력 공급을 원활하게 할 수 있도록 멀티탭과 멀티 충전기도 마련했다.

수업에 필요한 자료 준비

장비를 확보한 후에는 학생들에게 수업 내용을 안내할 자료를 제작했다. 수업 중에는 교사에게 수시로 물어보는 것이 아니라 학생들 스스로 내용을 확인하고 활동을 진행할 수 있도록 포스터 형태로 프로젝트 안내지를 제작했다. 그리고 온라인과 오프라인 연계를 위해 학생들의 활동을 인증하는 공간을 패들렛에 만들었다. 완성된 패들렛은 학급별로 공지가 가능하도록 구글 클래스룸의 과제 만들기 기능을 사용해 올렸다.

수업의 콘셉트가 게임의 베타 테스터가 되어 게임 참여에 대한 피드백을 게임 업체에 제공하는 것이어서 구글 설문지로 베타 테스터 입장에서 작성할 설문지도 제작하였다. 그리고 학생들에게 수업 초기 전반적인 흐름에 대해 안내할 수 있도록 프레젠테이션도 제작하였다.

테스트하기

디지털 도구를 활용한 수업을 할 때 기계 작동의 오류로 인해 수업이 지연되거나 중단되는 경우가 종종 발생한다. 미리 테스트를 해 두어야 이런 상황에 잘 대처할 수 있기 때문에 수업 전에 학생들과 함께 테스트를 하고, 집에서도 아이들과 함께 테스트를 하며 수업 리허설을 여러 차례 실시했다.

수업 운영하기

스트레칭과 명상으로 수업 시작하기

[부상 방지를 위한 스트레칭과 스트레스 관리를 위한 명상]

입시에 대한 스트레스를 줄이고, 수업 참여 전 부상을 방지하기 위해 준비운동은 스트레칭과 명상으로 준비하여 진행했다.

수업의 방향 안내하기

[프레젠테이션을 통한 수업 방향 안내]

미리 준비한 프레젠테이션 자료를 활용하여 수업의 방향에 대해 간단히 안내를 한 후에 활동을 진행하였다. '지, 덕, 체'를 '체, 인, 지'로 바꾸어 학생들이 학습 목표를 쉽게 기억할 수 있도록 내용을 구성하여 전달하였다.

모둠별로 활동 참여하기

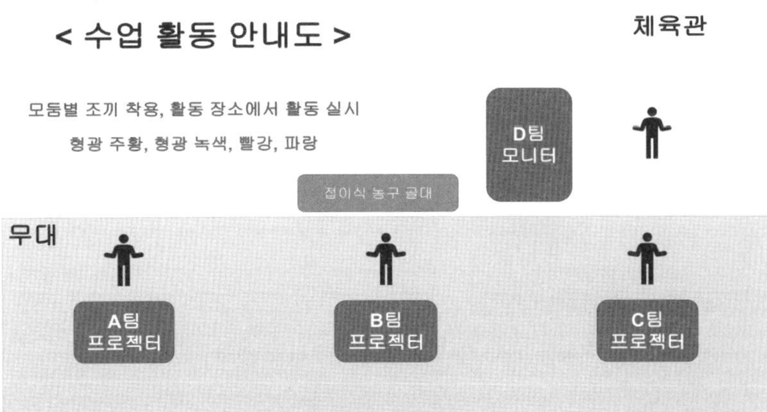

[수업 활동 안내도]

수업 활동은 총 4개의 장소에서 이루어지도록 구성하였다. 학생들은 4개의 모둠에 속하여 각자 소속된 모둠의 지정 위치에서 빔프로젝터 또는 TV 모니터와 연결된 스마트 기기를 활용하여 앱을 실행하고 활동에 참여하였다. 수업 중 학생들은 모둠별로 부여된 프로젝트 과제인 게임 앱 베타 테스터 역할을 맡아서 게임에 참여했다. 게임에 참여하면서 신체활동을 하는 것과 더불어 게임의 장점과 단점, 향상시켜야 할 점과 개선시켜야 할 점 등을 파악하는 임무를 함께 수행하도록 하였다. 각 모둠별 활동 장소에는 프로젝트를 안내하는 포스터를 게시하였고, 학생들이 활동 후 패들렛에 결과를 인증할 수 있도록 QR코드도 포스터 내에 패들렛 링크를 넣어 두었다.

< 오늘의 활동 과제 >

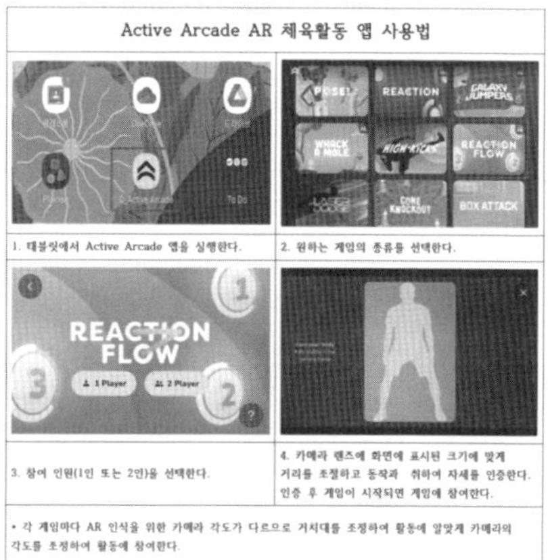
Active Arcade AR 체육활동 앱 사용법

1. 태블릿에서 Active Arcade 앱을 실행한다.	2. 원하는 게임의 종류를 선택한다.
3. 참여 인원(1인 또는 2인)을 선택한다.	4. 카메라 렌즈에 화면에 표시된 크기에 맞게 거리를 조절하고 동작과 취하여 자세를 인증한다. 인증 후 게임이 시작되면 게임에 참여한다.

• 각 게임마다 AR 인식을 위한 카메라 각도가 다르므로 거치대를 조정하여 활동에 알맞게 카메라의 각도를 조정하여 활동에 참여한다.

[활동 과제 안내를 위한 포스터와 안내지]

활동 기록하기

활동한 결과는 모둠 내에서 서로 사진을 찍어주거나 직접 찍어서 각 모둠의 활동 장소에 게시된 포스터의 QR코드를 통해 패들렛에 접속하여 인증하도록 하였다.

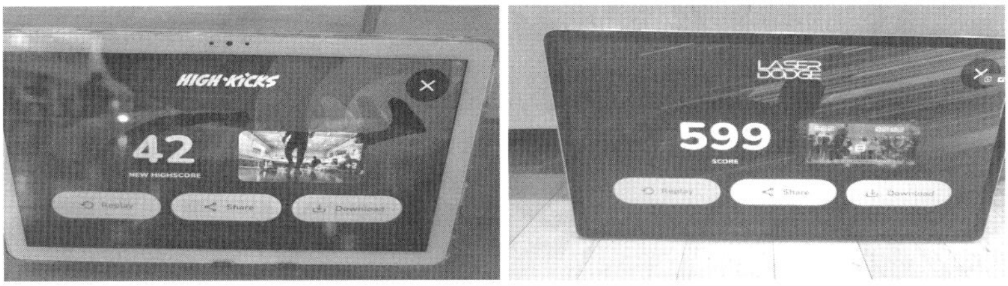

[활동 결과 캡쳐하기]

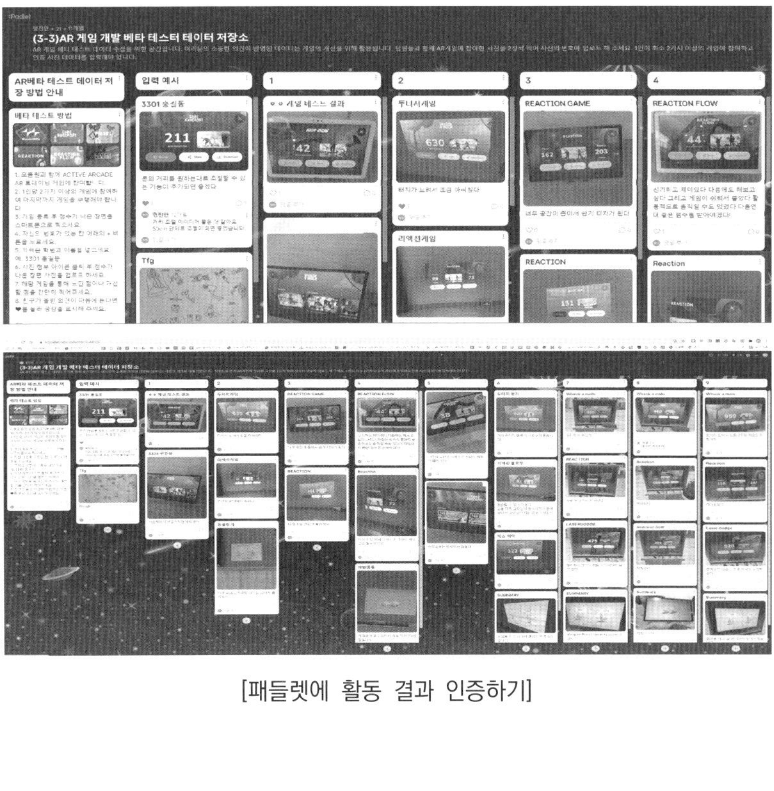

[패들렛에 활동 결과 인증하기]

모든 활동을 마친 후에는 베타 테스터 입장에서 설문을 작성함으로써 게임에 대한 참여 소감과 게임을 개선하기 위한 학생들의 의견을 모았다.

베타 테스트 설문지에는 참여한 활동 중 선호하는 활동이 무엇인지, 활동을 하면서 프로그램의 긍정적 측면과 개선점은 무엇인지를 묻는 문항을 구성하여 실제 베타 테스터의 입장에서 작성할 수 있도록 하였다.

[베타 테스트 응답 결과]

설문 결과를 스프레드시트로 변환하여 확인하면서 학생들의 참여 소감과 즐겁게 참여한 활동, 아쉬웠던 점, AR 게임 개선을 위해 베타 테스터로서 하고 싶은 말 등을 한눈에 확인할 수 있었다.

온라인과의 연계

오프라인에서 실시되었던 수업은 온라인에서는 개인의 스마트폰을 활용하여 집에서 참여하고 결과를 인증할 수 있도록 구글 클래스룸에 패들렛 링크를 넣어 과제 형태로 제시하였다. 수업을 준비할 때 코로나 상황에 대비하여 온라인과 오프라인이 자연스럽게 연계되도록 내용을 구성하였기 때문에 학교에서 대화면과 태블릿 등을 활용하여 참여했던 활동을 가정에서는 개인 스마트폰이나 태블릿 등으로 참여하면서 수업의 흐름을 유지할 수가 있었다.

수업을 통해 배운 점

이 수업을 하면서 학생들의 자기 주도성 확보를 위해서 흥미라는 요소가 중요하다는 것과 그 흥미를 유발하기 위해서 다양한 아이디어가 필요하다는 것을 배웠다. 수업을 준비하면서 다양한 스마트폰 앱들을 찾아서 설치하고 체험해보는 기회를 가지게 되었는데 이때 생각보다 다양한 앱들이 개발되어 있다는 것을 알게 되었다. AR이나 VR 기술, 게임 등에 대해 학생들이 흥미를 가지고 적극적으로 참여한다는 사실도 직접 경험할 수 있었다. 좋은 앱을 찾고 이를 수업에 적용하기 위해 잘 설계하는 것도 체육 교사가 수업을 위해 할 수 있는 의미 있는 노력이라 생각한다. 앱을 찾고 설치하여 체험해보는 과정은 생각보다 시간과 에너지가 많이 드는 과정이다. 좋은 앱을 찾는 것도 생각보다 쉽지는 않다. 많은 교사들이 교육적으로 의미 있는 앱들을 찾아서 서로 정보를 공유하는 것도 체육 수업의 개선에 큰 도움이 될 것 같다.

Ⅲ

체육 교사에게 도움을 주는 에듀테크

생각 정리 끝판왕! 마인드맵

하나면 다 해결되는 all in one workspace! 노션(Notion) 활용하기

번거로운 로그인 없이 간편하게! 패들렛(Padlet) 활용하기

Google Keep을 활용한 체육 수업 진도 관리하기

앞에서 에듀테크를 활용한 체육 수업의 사례를 몇 가지 구체적으로 소개했다. 이번 장에서는 체육 교사에게 도움을 주는 에듀테크에 대해 소개하고자 한다. 온라인과 오프라인에서 다양하게 쓰이는 에듀테크에는 어떠한 것이 있는지, 각각 어떤 기능을 지니고 어떻게 활용될 수 있는지를 알아보자. 본 장에서는 사용 방법을 매뉴얼처럼 나열하기 보다는 어떤 맥락에서 도구들이 활용되었는지를 중심으로 내용을 구성하였다. 제한된 분량 안에서 설명서처럼 내용을 다 넣기에는 어려움이 있을뿐더러, 각 에듀테크별 키워드로 검색 사이트나 유튜브에 검색을 하면 기초부터 심화된 내용까지 배울 수 있는 텍스트 자료나 영상들이 충분히 존재하기 때문에 어렵지 않게 익힐 수 있다. 내용을 보고 마음에 드는 에듀테크가 있다면 설치해보고, 시간을 할애해서 익혀보기를 권장한다. 혹시 도움이 필요한 경우 책의 에필로그 부분에 소개되는 오픈채팅방에 가입 후 문의를 주어도 좋다. 모든 것에 대해 답변을 해 줄 수는 없지만 어떻게 배울 수 있는지 알고 있는 선에서는 최선을 다해 알고 있는 내용들을 공유하도록 하겠다.

생각 정리 끝판왕! 마인드맵

마인드맵은 말 그대로 생각의 지도다. 우리 뇌의 뉴런들이 연결되어 있는 구조와 마인드맵의 구조는 유사한 형태를 띤다. 마인드맵은 여러 키워드들을 손쉽게 연결함으로써 우리의 사고 과정을 돕는 도구다. 마인드맵은 크게 손마인드맵과 디지털 마인드맵으로 나눌 수 있는데, 손마인드맵은 직접 손으로 쓰는 과정이 포함되기 때문에 그 활동 자체로 우리에게 좀 더 학습적인 효과를 지닌다. 반면에 디지털 마인드맵은 쉽게 작성 및 수정이 가능하고 다양하게 공유할 수 있으며, 여러 문서 형태로 변환이 가능하다는 점에서 장점을 지니고 있다. 마인드맵을 활용하면 수업의 설계, 정보의 전달, 협업 등 다양한 영역에서 도움을 받을 수 있다. 지금부터 내가 마인드맵을 활용한 방법들에 대해 소개하겠다.

수업 설계하기

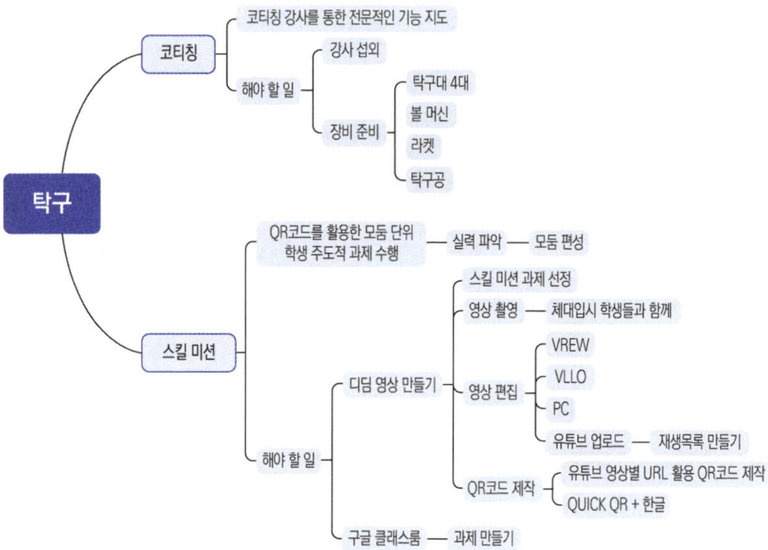

[마인드맵을 활용한 수업 설계(Xmind)]

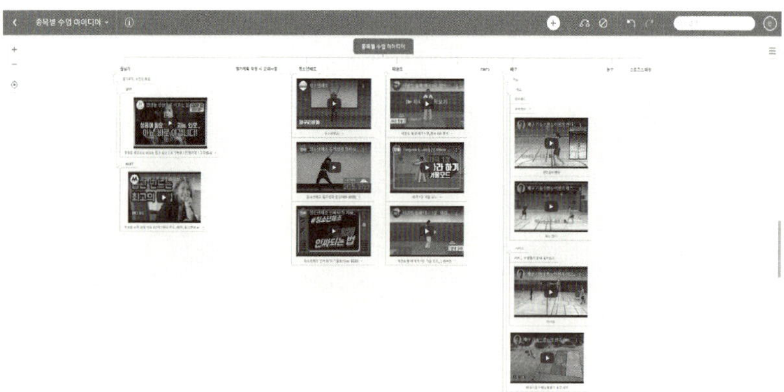

[마인드맵을 활용한 수업 아이디어 구상(Mindmeister)]

앞 장의 그림들은 수업 설계와 수업 아이디어 구상을 위해 작성된 마인드맵이다. 마인드맵을 활용하면 흐름을 잃지 않고 수업의 내용을 체계적으로 설계할 수 있다. 또 경우에 따라서는 링크나 임베드 기능 등을 통해 영상 자료도 포함할 수 있어, 떠오른 생각과 관련 자료들을 잊지 않고 언제든 활용할 수 있다.

마인드맵 활용 스토리텔링 수업하기

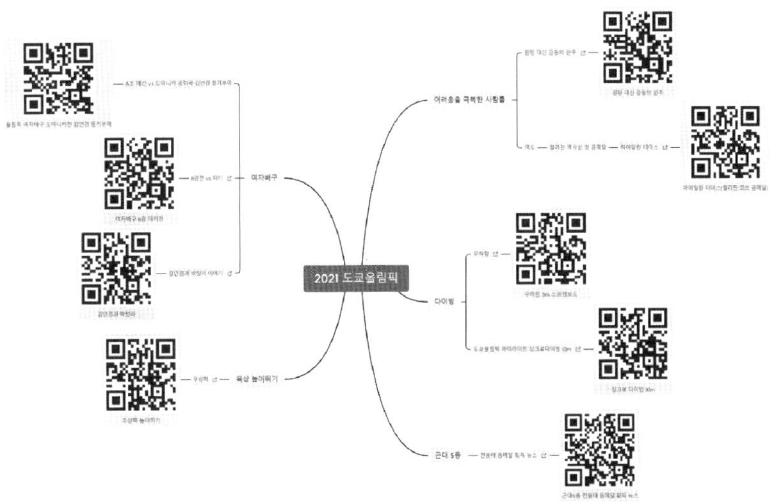

[마인드맵과 QR코드를 활용한 2021 도쿄올림픽 스토리텔링 수업 지도안(Xmind)]

이 마인드맵은 2021 도쿄올림픽이 이루어지던 시기에 했던 수업의 지도안이다. 흔히 지도안이라고 하면 표 형식을 생각하기 쉽지만 나는 이 마인드맵이 훌륭한 지도안이라고 생각한다. 이 지도안 안에는 여러 키워드를 중심으로 도쿄올림픽과 관련된 혹은 올림픽 출전 선수와 관련된 영상들이 QR코드 형태로 포함되어 있다. 수업 중 대형TV 화면에 태블릿을 미러링 한 후에 태브릿의 카메라로 QR코드를 하나씩 찍어 나오는 영상을 보면서 해당 영상과 선수에 관련된 내용들을 스토리텔링하는 형식으로 수업을 진행하였다. 하나의 마인드맵으로 한 시간의 수업을 학생들과 함께 했고, 학생들은 집중력 있게 수업에 참여해 주었다. 단순히 영상을 바로 틀어주기보다 마인드맵 하나에 다양한 키워드를 배치해두고 QR코드와 연결하여 새로운 방식으로 제공해주니 학생들에게도 수업이 새로운 느낌으로 전달된 것 같다.

연수 준비하기

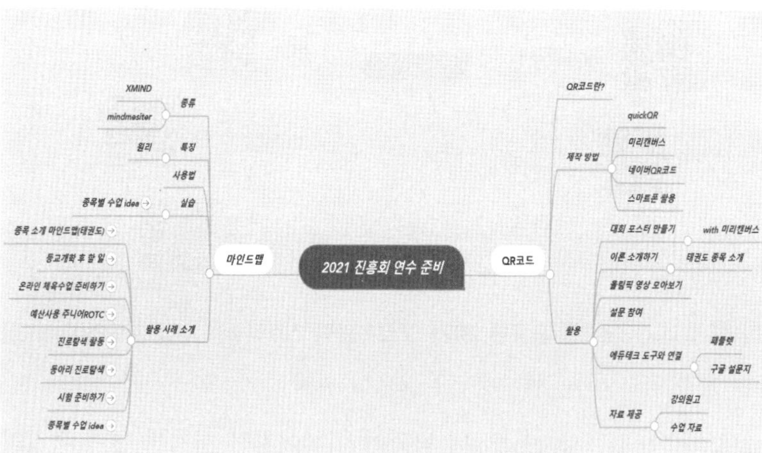

[연수 준비 마인드맵(Mindmeister)]

이 마인드맵은 2021년 학교체육진흥회에서 에듀테크 관련 연수를 준비할 때 만들었던 마인드맵이다. 강의에 대해 막연하게 생각하는 것보다 무엇을 선생님들에게 전달할지 키워드 중심으로 내용을 구성하면서 준비를 하니 훨씬 수월하게 강의를 준비할 수 있었다. 원래 나는 이런저런 생각들이 수시로 떠오르는 편이라 생각이 잘 정리가 되지 않아 무언가를 할 때 많이 고민하고 망설인다. 마인드맵은 그런 나의 약점을 잘 보완해주는 도구다. 마인드맵의 키워드에 보면 둥근 원 안에 화살표 모양이 있는 것을 볼 수 있는데 이것은 특정 자료나 사이트로 연결되는 링크다. 하나의 페이지에 모든 정보를 다 담기가 어려운 경우에는 이렇게 링크를 활용해서 정보들을 연결해서 활용하는 것도 유용하다.

정보 비교하기

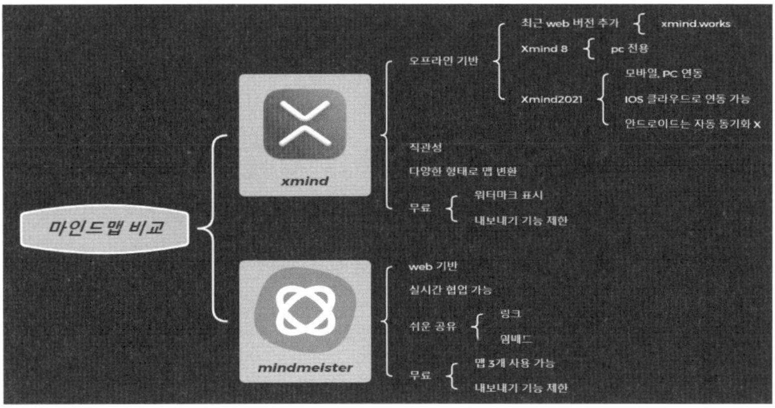

[Xmind와 Mindmeister 비교 마인드맵(Xmind)]

내가 주로 사용하는 마인드맵인 Xmind와 Mindmeister를 비교한 마인드맵이다. 마인드맵으로 대상을 비교하면 눈에 띄고 직관적으로 대상을 비교할 수 있다. 또 필요에 따라서는 마인드맵 형태를 변형시키거나 워드나 엑셀, 그림파일로 변환도 가능하기 때문에 마인드맵으로 손쉽게 만들어 둔 후에 필요한 형태로 변환하여 활용하면 된다.

참고로 위 두 마인드맵 중 개인적인 생각 정리와 수업 설계에는 주로 Xmind를 활용하고, 협업을 하는 화상회의의 경우에는 Mindmeister를 주로 활용한다. 용도에 따라 다양한 마인드맵의 특징을 파악하고 사용하면 효율적인 사고를 할 수 있다.

교과서의 학습 범위와 주요 내용 안내하기

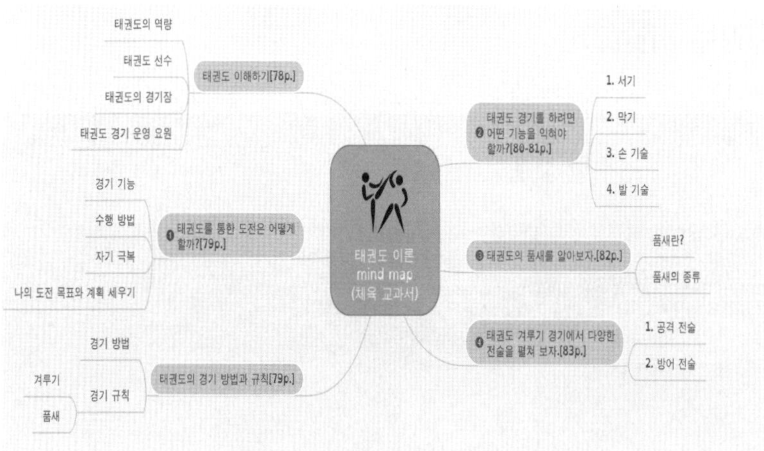

[교과서 단원 요약 안내 마인드맵]

태권도 수업 시 비주얼싱킹 활동 중 영역을 나누는 데 도움을 주기 위해 학생들에게 제공한 마인드맵이다. 학생들은 모둠 내에서 마인드맵을 참고하여 교과서의 내용을 살펴보고 적절하게 본인들이 조사할 영역들을 나눈 후에 비주얼싱킹으로 과제를 수행하였다. 줄글로 제공하는 것보다 마인드맵 형태로 제공하였을 때 학생들이 좀 더 내용을 직관적으로 파악하고 빠르게 과제를 이해하고 참여할 수 있었다. 학기 말에 수업 내용을 정리하는 과정으로 마인드맵을 활용해도 좋다. 마인드맵으로 정리된 내용을 보면 학생들이 학습한 내용을 체계적으로 이해하였는지를 한눈에 확인할 수 있다.

하나면 다 해결되는 all in one workspace! 노션(Notion) 활용하기

노션은 기업이나 개인이 프로젝트를 관리하고 기록하는 소프트웨어다. 그리고 경우에 따라서는 웹 페이지 제작 기능 등을 활용해 회사 홈페이지를 노션으로 제작해서 활용하는 경우도 있다. 우리가 흔히 아는 당근마켓이 그 대표적인 사례다.

최근 들어 수업과 업무에서 노션을 활용하는 선생님들이 많다. 노션은 최초에는 기록량에 제한이 있는 유료 버전이었는데 사용자들이 많아지면서(특히 한국이 세계 2위의 노션 사용국일 정도로 사용량이 높다고 한다.) 기록량에는 제한이 없이 무료로 사용이 가능해졌다.

노션은 텍스트와 이미지, 링크 등을 손쉽게 기록하고 공유할 수 있어서 정보를 기록하고 공유하는데 효과적이다. 내가 수업과 업무에서 노션을 활용했던 사례를 몇 가지 소개한다.

체육대학 입시 준비 프로그램 운영하기

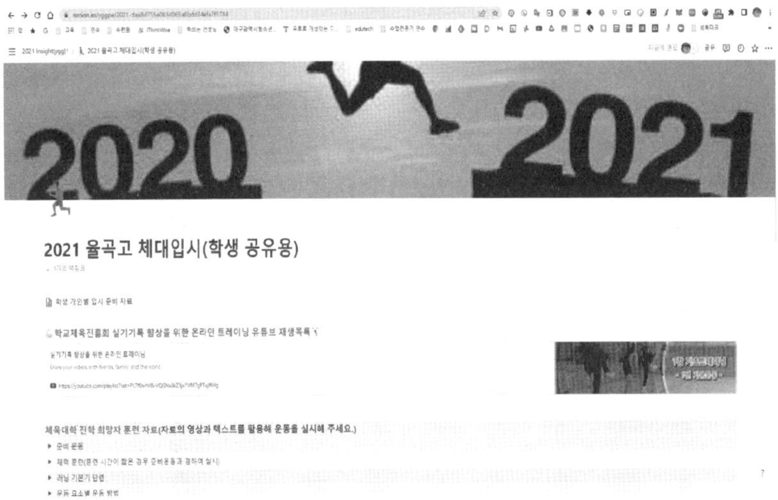

[체대입시 준비 프로그램 운영을 위해 제작한 노션 페이지]

2021년 초, 노션에 체육대학 입시 프로그램 참가 학생들을 위한 공간을 마련했다. 체대입시 지도 초기에 학생들을 지도할 때 모든 것을 강의식으로 진행하다 보니 학생들이 개인적으로 훈련을 하게 되는 경우에 참고할 만한 자료가 없었고, 일관성 있는 훈련의 지도도 어려웠다. 그래서 노션을 홈페이지처럼 만들어서 학생들과 함께 활용하고자 정리해 보았다. 학교체육진흥회에서 체육대학 진학지도를 위해 만들어 준 자료들이 학생들을 지도하는 데 큰 도움이 되어서 이 자료를 기반으로 내용을 숙지하고 홈페이지에 각 영상을 넣고 영상과 관련된 이론적인 설명들을 노션의 토글 기능을 활용하여 집어넣었다. 학생들이 영상을 보고 텍스트를 읽으면서 내용을 숙지하고 스스로 훈련할 수 있도록 하였다.

[체대입시 준비를 위한 실기 연습 방법 안내(토글 기능 활용)]

[구글 포토에 업로드된 실기 연습 영상을 노션에 임베드하기]

[구글 포토에 업로드 된 실기 연습 영상]

위의 캡쳐 화면을 예로 들면 러닝 기본기 단련과 관련하여 학교체육진흥회의 영상 1강 기초트레이닝의 1편 기본운동을 링크로 첨부하고, 그와 관련된 내용들은 사전에 체육 교사가 영상으로 시청하면서 노션의 토글 기능을 활용하여 텍스트로 한 번 더 기록해 주었다. 그리고 훈련을 하면서 찍은 영상이나 사진은 구글 포토에 업로드한 후에 링크로 노션에 다시 올려주어 학생들이 스스로 피드백을 할 수 있도록 하였다. 학생들은 링크를 타고 가서 유튜브에서 학교체육진흥회의 기본운동 관련 영상을 시청하고 교사가 작성한 노션 내의 텍스트를 통해 내용을 꾸준히 확인하며 훈련에 임하고, 훈련 후에는 노션에 연결된 구글 포토의 사진이나 영상을 확인하고 피드백을 하도록 함으로써 학생 스스로 충분히 체육대학 진학을 위한 훈련이 가능하도록 하는게 노션을 활용한 홈페이지 제작 목적이었다. 그리고 하루 훈련이 끝나면 훈련 중 촬영한 영상을 노션에 업로드하여 교사 입장에서는 지도 내용에 대해서 일관성 있는 지도가 가능하고, 부재 상황이 발생하더라도 학생들에게 어떤 부분을 어떻게 훈련할지에 대해서 구체적인 과제를 부여할 수 있기 때문에 유용하고, 학생 입장에서는 지도하는 대상 없이 혼자서도 충분히 훈련에 참여할 수 있다는 점이 좋았다.

노션에서 내가 한 것은 배경 이미지 넣기, 유튜브 영상 링크 첨부하기, 텍스트로 영상의 훈련 내용 설명하기, 훈련한 영상의 구글 포토 링크 첨부하기가 주된 작업이었다. 간단한 입력만으로 학생들과 함께 정보를 공유하고 진학지도에 활용할 수 있는 홈페이지가 제작이 가능하다는 점이 좋았다.

체대입시 훈련 계획 | 학교 훈련 프로그램

기본 훈련	월	화	수	목	금
가벼운 준비운동(손목 발목 풀기), 팔굽펴혀기 15회 러닝 17분 (3km) 준비운동(머리->발 순서로) 러닝 기본 훈련 운동 요소별 운동 측정 종목별 운동 및 기록 측정정리운동	운동요소별 운동(홈페이지 활용)				
	근력, 근지구력	순발력	유연성	스피드	구기
	스쿼트	박스 운동, 계단 등 활용	스트레칭, 체온 높이기	사다리, 허들	농구공, 메디신볼, 핸드볼 공
	본 운동				
	제자리 멀리뛰기	왕복 달리기	체전굴, 좌전굴, 서전트, 배근력, 메디신 볼	Z런, 사이드 스텝	레이업 슛, 핸드볼 공 던지기, 메디신
	정리운동				
	팔굽혀펴기 2분, 싯업 1분				

[체대입시 프로그램 훈련 계획(주간)]

일주일의 훈련 계획을 구체적으로 작성해서 여름 방학 기간에는 이에 맞추어서 훈련을 실시했다.

[스프레드시트로 학생 훈련 데이터 누적 기록하기]

그리고 스프레드시트를 만들어 학생들이 자신의 활동 기록을 입력할 수 있도록 했다. 꾸준히 자신의 활동을 기록하고 변화를 확인하면서 성장하는 느낌과 자신감을 키우게 하고 싶었다.

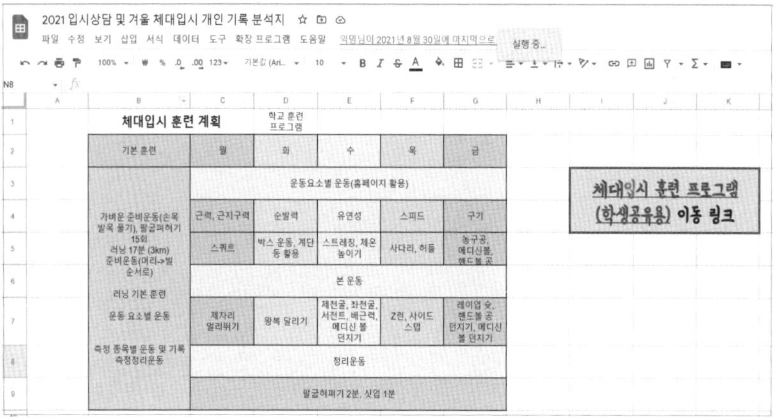

2021 입시상담 및 겨울 체대입시 개인 기록 분석지

체대입시 훈련 계획 | 학교 훈련 프로그램

기본 훈련	월	화	수	목	금
가벼운 준비운동(손목 발목 풀기), 팔굽펴혀기 15회 러닝 17분 (3km) 준비운동(머리->발 순서로) 러닝 기본 훈련 운동 요소별 운동 측정 종목별 운동 및 기록 측정정리운동	운동요소별 운동(홈페이지 활용)				
	근력, 근지구력	순발력	유연성	스피드	구기
	스쿼트	박스 운동, 계단 등 활용	스트레칭, 체온 높이기	사다리, 허들	농구공, 메디신볼, 핸드볼 공
	본 운동				
	제자리 멀리뛰기	왕복 달리기	체전굴, 좌전굴, 서전트, 배근력, 메디신 볼 던지기	Z런, 사이드 스텝	레이업 슛, 핸드볼 공 던지기, 메디신 볼 던지기
	정리운동				
	팔굽혀펴기 2분, 싯업 1분				

체대입시 훈련 프로그램 (학생공유용) 이동 링크

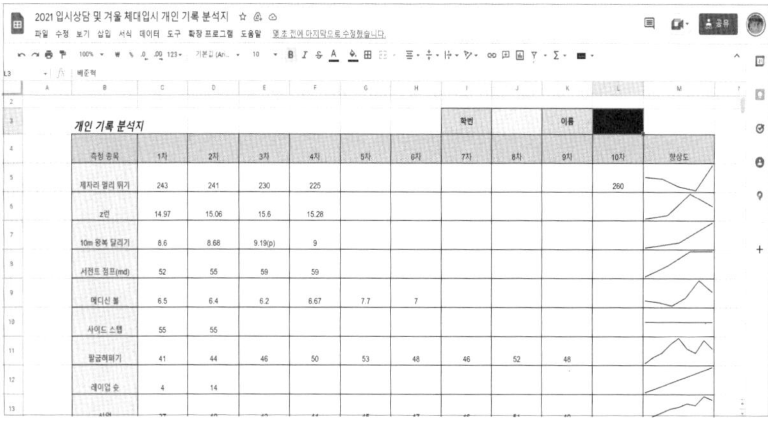

2021 입시상담 및 겨울 체대입시 개인 기록 분석지

개인 기록 분석지 | 학번 | | 이름 |

측정 종목	1차	2차	3차	4차	5차	6차	7차	8차	9차	10차	향상도
제자리 멀리 뛰기	243	241	230	225						260	
z런	14.97	15.06	15.6	15.28							
10m 왕복 달리기	8.6	8.68	9.19(p)	9							
서전트 점프(md)	52	55	59	59							
메디신 볼	6.5	6.4	6.2	6.67	7.7	7					
사이드 스텝	55	55									
팔굽혀펴기	41	44	46	50	53	48	46	52	48		
레이업 슛	4	14									

[학생 훈련 기록 누적을 위해 제작한 구글 스프레드시트]

학교운동부 운영하기

[학교 운동부(다이빙부) 운영을 위한 노션 페이지]

2021년 학교 운동부 다이빙부를 맡게 되면서 학생들의 활동 기록을 위해 노션으로 홈페이지를 만들었다. 학생들의 사진으로 메인 화면을 꾸미고 대회와 관련한 내용을 이 공간에 기록하며 운동부를 운영했다. 홈페이지로 대회 일정을 관리하고, 학생들의 대회 영상을 공유하고, 대회 결과를 기록하고, 보도자료를 정리하는 용도로 활용하였다. 하나의 링크로 학생들과 정보를 주고 받을 수 있고, 내용을 간편하게 입력하고 어떤 디바이스에서든 쉽게 찾아볼 수 있어 편리하게 활용할 수 있었다.

[대회 일정 관리 및 공유]

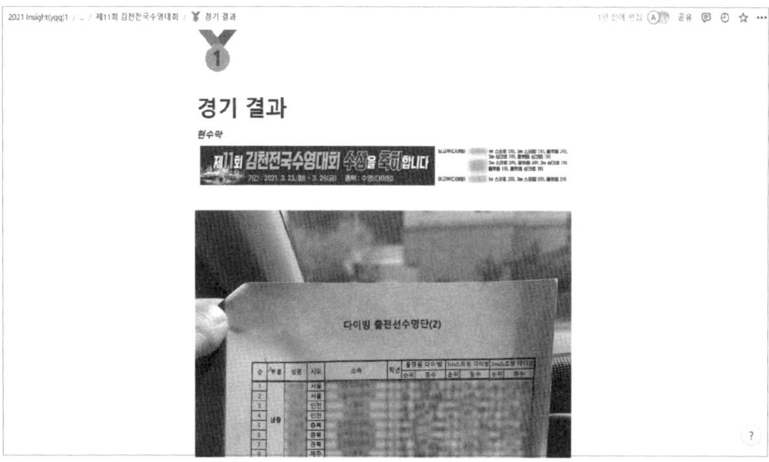

[경기 결과 기록]

[보도자료 정리]

경기 결과가 나온 현수막 시안과 경기 결과 기록표도 페이지에 입력해 두었다. 그리고 경기에 대해 나온 보도자료들도 링크를 복사하여 페이지에 임베드하여 찾아보기 쉽게 정리하였다. 어떤 디바이스에서든 쉽게 내용을 기록할 수 있다는 점과 홈페이지처럼 깔끔하게 볼 수 있다는 노션의 장점 덕분에 체대입시반과 운동부 관리를 편리하게 할 수 있었다.

번거로운 로그인 없이 간편하게! 패들렛(Padlet) 활용하기

패들렛은 쉽게 말해 로그인이 없이 내용 입력이 가능한 온라인 게시판이다. 로그인이라는 진입장벽 없이 학생들이 링크나 QR코드를 통해 손쉽게 접속하여 자신의 생각을 표현하거나 활동을 인증하기 편리한 곳이다. 교사들에게는 자료 저장 및 공유를 돕는 수업자료 저장소의 역할도 한다. 패들렛은 사용법이 매우 직관적이어서 몇 번 만져보면 금방 사용법을 익힐 수 있다. 유튜브 등에도 패들렛과 관련된 강의 영상이 무수히 많다. 하나의 프로그램을 각자의 생각에 따라 다양한 아이디어를 적용해 활용할 수 있다는 점이 패들렛이 지닌 가장 큰 강점이라고 생각한다. 나의 수업과 업무에서 활용한 패들렛에 대해 소개한다.

배구 수업 역사 또는 경기의 발전 과정 기록하기

타임라인 형태의 게시판을 활용하면 순서에 맞게 자료를 입력할 수 있다. 각 종목의 역사나 발전 과정에 대해 알아보는 활동을 할 때 다음과 같이 활용할 수 있다.

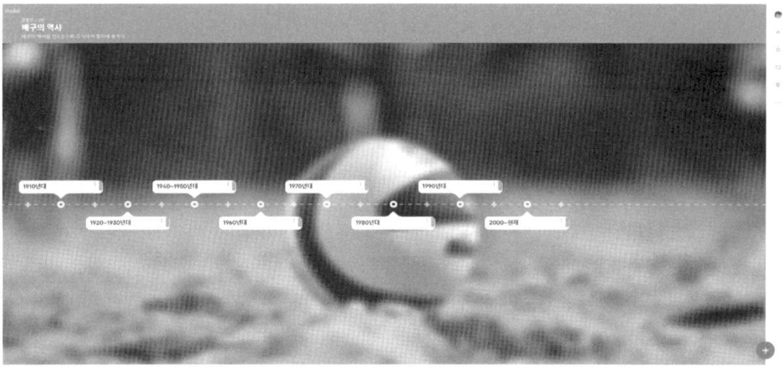

[배구 역사와 변천 과정 조사를 위한 패들렛 양식]

농구, 배구 수업 정보 공유 커뮤니티 만들기

종목에 대한 지식이 없는 상황에서 종목과 관련된 정보를 찾아 올리고, 친구가 올린 정보를 확인하는 과정을 패들렛을 통해 할 수 있다. 이러한 과정을 통해 종목에 대한 이해와 흥미를 높일 수 있다.

[농구 관련 정보 수집을 위한 농구 커뮤니티 패들렛 수업 자료]

온라인 수업에서 농구와 관련된 원리나 이론, 재미있는 장면 등을 올리도록 했다. 단순히 이론 강의를 통해 농구에 대해 소개하는 것보다 스스로 농구와 관련된 정보를 찾아보고 올리면서 농구에 대한 흥미를 갖고 온라인 수업에도 주도적으로 참여하도록 내용을 구성해 보았다. 다양한 영상이나 텍스트 자료에는 재미있는 내용들도 있지만 농구 경기의 방법과 규칙에 관한 부분들도 군데군데 포함되어 있기 때문에 학생들이 자연스럽게 농구의 규칙에 대해 배울 수 있는 면도 존재한다. 게시판에 찾을 정보의 형태나 종류를 교사가 잘 구성한다면 패들렛 게시판을 통해 학생들에게 이론적 지식을 습득시키는 데 많은 도움을 줄 수 있다.

[배구 관련 정보 수집을 위한 배구 커뮤니티 패들렛(예시)]

코로나 상황에서의 체대입시반 활동 인증

1학기(운동 위주의 활동 인증)

코로나 19로 인해 갑작스럽게 온라인 수업이 지속되면서 체육대학 진학을 준비하던 학생들도 운동할 공간과 시간을 잃게 되었다. 갑작스러운 상황에 서로 어떻게든 주어진 환경에서 운동하고 그 방법이나 결과를 공유하면서 참여하도록 하기 위해 패들렛을 만들었다. 학생들은 근력 운동이나 달리기 등의 결과를 자신들이 원하는 방식으로 패들렛에 업로드하여 인증했다. 교사는 학생들의 활동에 대해 좋아요 표시나 댓글 등을 통해 피드백을 제공하며 동기부여를 해 주었다.

[2021학년도 1학기 체대입시반 운영 패들렛(운동 관리)]

2학기(학업과 운동을 함께 인증)

[2021학년도 1학기 체대입시반 운영 패들렛(운동 및 학업 관리)]

2학기에는 1학기 실시했던 방식에서 학업에 대한 부분도 포함하여 진행을 해 보았다. 운동 및 공부, 운동, 공부 중 자신이 실시했던 활동에 대해서 인증을 하는 방식으로 운영하였고, 학생들에게 강제성은 부여하지 않았다. 자발적으로 참여한 학생들은 서로의 결과를 보면서 동기부여를 받고 꾸준히 참여하는 습관을 형성할 수 있었다. 교사인 나도 매일 작지만 꾸준한 운동 실천 습관을 영상으로 촬영하여 업로드하면서 학생들을 동기부여하면서 나 스스로도 작은 습관을 키워나갔다.

AR게임 참여 인증 및 베타 테스트 결과 입력하기

AR 게임을 활용한 수업에서 학생들이 AR 게임의 베타 테스터가 되어 게임의 장점과 단점을 파악하는 시나리오를 부여하였다. 그리고 활동 결과에 대한 인증과 베타 테스터로서의 참여 소감에 대한 부분을 패들렛에 입력하도록 하였다.

[AR 게임 참여 수업 활동 결과 인증을 위한 패들렛]

교과별 행사 또는 연수 체험 인증

경상북도교육청 중등교육과 주관으로 개최된 2022 수업나눔한마당 행사에서 각 교과별로 메타버스를 구현하였다. 체육과에서는 운동장을 컨셉으로 메타버스를 구현하였고, 선생님들이 메타버스에 대한 부담이나 거부감을 덜 느끼도록 메타버스 내에 다양한 게임을 삽입하여서 참여를 유도하였다. 참여한 선생님들은 참여 결과를 캡쳐하여 패들렛에 올리도록 하였고, 올린 선생님들에게는 기프티콘으로 보상을 제공하였다.

[체육과 수업나눔한마당 메타버스 게임 인증용 패들렛]

언어문화개선주간 고마운 마음 표현하기

언어문화개선주간에 이벤트로 고마운 사람들에게 마음을 표현하는 글을 패들렛에 적는 활동을 추진했다. 참여한 학생과 고마움의 대상에게는 소정의 간식을 제공하였고, 함께 단체사진도 찍어주었다. 온라인 게시판에 적은 내용을 통해 오프라인에서 서로의 고마운 마음을 확인할 수 있는 의미 있는 시간이었다. 수업뿐 아니라 학교의 각종 행사 때에도 다양한 아이디어를 내어 패들렛을 활용해보면 좋을 것 같다.

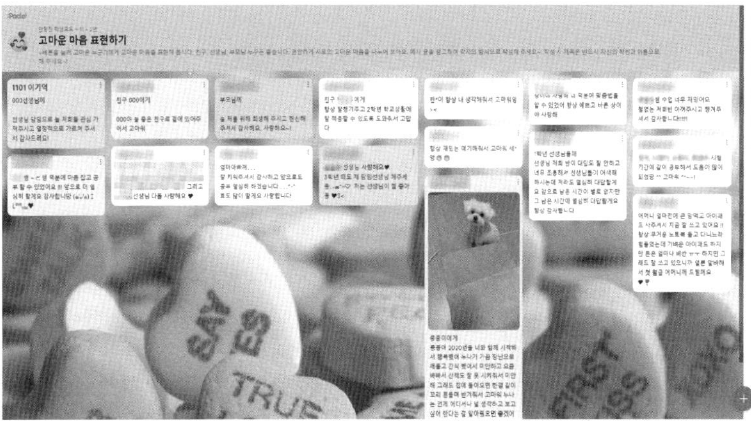

[언어문화개선주간 고마운 마음 표현하기 이벤트 참가 패들렛]

Google Keep을 활용한 체육 수업 진도 관리하기

체육 수업 진도 관리의 필요성

수업 진도 관리와 관련해서는 이전의 시행착오의 과정에 대해 이야기를 하며 내용을 시작하고자 한다. 초임 시절부터 지금까지 나에게는 잘되지 않는 습관이 하나 있다. 그건 바로 수업 진도 관리다. 학기 초가 되면 연구부에 제출하게 되는 교과진도운영계획이라는 것이 존재하지만 실제로 그 교과진도운영계획에 맞추어서 수업을 진행해 본 적이 거의 없는 것 같다. 물론 어느 정도 교과진도운영계획에 따라 수업을 진행하려고 시도해 보았지만, 여러 개의 학급을 대상으로 계획을 적용하고 실천하는 과정에서 불쑥 생겨나는 학사일정 상의 변수들로 인해 모든 학급을 대상으로 일정하게 수업 진도에 맞추어 균등하게 수업을 실시하는 것이 쉽지 않았다. 어떤 학기든 학기가 시작되고 1주일 정도는 학급마다 진도 관리가 잘 되었다. 준비한 내용을 가지고 여러 반을 수업하면서 반마다 일정한 내용을 가르쳐 주고, 진도를 체크해가며 한 학기 내내 열심히 수업을 해야겠다는 다짐도 하곤 했다. 그러나 2주가 지나고 3주가 지나면서 그런 노력과 열정들은 식어갔다. 반마다 어디까지 진도가 나갔는지 헷갈리기 시작하면서 수업 준비에도 문제가 생기기 시작했다. 어떤 반은 네 번을 수업했는데 어떤 반은 한 번 밖에 수업을 못하는 경우도 생겼다. 그러다보니 매 시간마다 학생들에게 오늘 수업할 곳이 어디인지를 물어보아야 하는 상황이 발생했다. 학생들에게 수업 진도를 물어본다는 건 교사가 수업을 어디서부터 시작해야 할지를 준비하지 않고 교실로 들어왔다는 것을 고백하는 것과 같았다. 그래서 진도를 제대로 파악하지 못하고 수업에 들어갈 때면 이미 학생들에게 한 수 접어두고 들어가는 느낌이었다. 게다가 학생들마저도 진도를 모르는 상황이 발생했을 때는 어떻게 해야 할지 정말 당황스러웠고 부끄러움에 눈앞이 캄캄했다.

수업 진도 관리를 위한 노력들

수업 진도 때문에 여러 가지 고충을 겪게 되면서 내 나름대로는 수업 진도를 관리하기 위한 다양한 노력을 해 보았다. 그동안 교사로 살아오면서 시도해 보았던 수업 진도 관리 방법은 다음과 같다.

작은 수첩을 활용한 수업 진도 관리

초임 시절 나는 전역 후 7월 중순에 중간 발령을 받는 바람에 학교에서 교무수첩을 따로 지급받지 못했다. 그래서 군대에서 사용하던 손바닥 크기의 수첩을 활용해 메모도 하고 수업 진도도 관리했다. 작은 수첩은 휴대하기도 편하고 이전에 메모를 해오던 습관이 있어서 처음에는 편했다. 그러나 새로운 환경에 적응하느라 이것저것 닥치는 대로 작은 수첩에 메모하다 보니 수업 진도를 적어두고도 찾기가 어려워 한참을 뒤적거리는 경우가 많았다.(아마도 내가 메모를 지저분하게 해 둔 탓이기도 할 것이다.) 가끔은 수업에 수첩 가져가는 것을 잊어먹기도 하고, 수첩을 두고 가서 수업을 한 뒤 기록하는 걸 잊어버리고 시기를 놓쳐버리는 경우도 생겼다. 무엇보다 아쉬웠던 건 수첩을 잃어버렸을 때다. 업무에 대한 내용과 수업에 대한 기록이 고스란히 수첩 안에 있었기 때문에 수첩을 잃어버리는 순간 모든 일정에 차질이 생겼다. 꼼꼼한 성격을 가진 사람들이야 그런 일이 잘 발생하지 않겠지만 잘 흘리고 잘 잊는 내 성격 상 그런 일이 자주 발생했기 때문에 수첩을 활용한 방법은 나에게는 다소 맞지 않았던 것 같다.

교무수첩을 활용한 수업 진도 관리

[수업 진도 관리에 사용한 교무수첩]

한 해가 지나고 학기 초 교무수첩을 지급받은 후부터 한동안은 교무수첩에 수업 진도를 기록하고 관리했다. 마침 교무수첩에는 수행평가 기록표도 함께 있었기에 업무도 관리하고 수업 진도도 관리하면서 평가도 함께 할 수 있어 내 나름대로는 편리했다. 물론 교무수첩의 크기가 커서 들고 다니기도 번거롭고 덤벙거리는 성격 탓에 교무수첩을 잃어버리고 한동안 못 찾아서 머뭇거리는 경우도 종종 생기곤 했다. 그리고 수첩에다 메모를 했을 때와 마찬가지로 업무와 수업 진도가 함께 기록이 되다 보니 지저분하기도 하고 기록해두고도 잘 보지 않게 되는 경우도 많이 생겼다.

별도의 수업 진도 관리표(한글 파일)와 온라인 카페를 활용한 수업 진도 관리

교무수첩을 활용해 한동안 수업 진도를 관리하다가 체육교과연구회 연수에서 후배 체육 교사가 발표를 하며 잠시 보여주었던 체육 수업 기록지를 본 후 별도의 기록지를 가지고 수업 진도를 관리해야겠다는 생각이 들었다. 수첩이나 교무수첩에 기록해두니 지저분하고 눈에도 잘 들어오지 않아서 꾸준히 관리하는 습관이 생기지 않는 것 같았다. 그래서 별도의 체육 수업 진도 기록지를 만들고 여기에다 기록을 하기 시작했다. 처음에는 자필로 작성을 하다가 종이를 잊어버리고 당황했던 과거의 경험을 떠올려 한글 파일로 저장해두고 관리를 시작했다. 이렇게 별도로 수업 진도를 관리하니 어느 정도 수업 진도가 잘 관리 되는 것 같았다. 학급별로 진도가 서로 달라도 그

날 그 날의 진도를 잘 기록해두니 맞추어서 수업을 준비하기가 수월했다. 단지 한 가지 아쉬웠던 점은 기록의 귀찮음이었다. 수업 후 메모를 해 두었다가 교무실로 가서 컴퓨터로 내용을 옮겨 기록하고 저장해 두어야 했기에 그 과정이 다소 귀찮았다. 그래도 일정이 비교적 잘 관리가 되었기 때문에 귀찮음을 감수(?)하면서 활용했다.

〈수업 진도 관리표를 활용한 수업 진도 관리〉

반	날짜 및 활동 내용								
1-1	3/5월(7) 수업 O.T.	3/6화(3) 진단평가 시험감독	3/8목(2) 전국연합학력평가 이름 외우기	3/12월(2) (컴퓨터실) 카페가입 평창올림픽 영상 시청	3/13화(3) 창진 청소년체조 태권도 모둠 편성 유단자 파악 친밀감 형성 레크레이션	3/15목(2) 청소년체조 자율활동	3/19월 청소년체조 시범 피구	3/20화 교실수업 (골든벨 세트 설치) 패럴림픽 영상 시청	3/22목 바운스파이크볼
1-2	3/7수(1) 수업 O.T.	3/7수(7) (컴퓨터실) 카페가입 평창올림픽 영상 시청		3/14수(1) 친밀감 형성 레크레이션 유단자 파악 태권도 모둠 편성	3/16금(2) 청소년체조 줄바토런 바운스파이크볼		3/23금 청소년체조 배드민턴		
1-3	3/5월(6) 수업 O.T.	3/7수(4) (컴퓨터실) 카페가입 평창올림픽 영상 시청		3/12월(3) (체육관) 친밀감 형성 레크레이션 유단자 파악 태권도 모둠 편성	3/14수(4) 청소년 체조 숙달여부 확인 구기 종목, 보드 게임		3/19월 청소년체조 시범 피구		
1-4	3/6화(4) 진단평가 시험감독	3/8목(5) 전국연합학력평가 이름 외우기		3/13화(4) PPT 활용 소개 활동 및 카페 가입	3/15목(5) 청소년체조 10분 자율활동	3/20화 교실수업 (골든벨 세트 설치)유단자 파악 태권도 모둠 편성 청소년체조	3/22목 청소년체조 움직이는 동그라미 삼겹살게임		
1-5	3/6화(6) 수업 O.T.	3/8목(3) 전국연합학력평가		3/13화(6) (컴퓨터실) 카페가입 평창올림픽	3/15목(3) 청소년체조 10분 자율활동	3/20화 교실수업 (골든벨 세트	3/22목 청소년체조 움직이는 동그라미		

반	날짜 및 활동 내용								
		이름 외우기		영상 시청		설치)유단자 파악 태권도 모둠 편성 청소년체조	삼겹살게임		
1-6	3/6화(7) 수업 O.T.	3/8목(7) 전국연합학력평가 이름 외우기		3/13화(7) (컴퓨터실) 카페가입 평창올림픽 영상 시청		3/15목(7) 3/15목(3) 청소년체조 10분 자율활동	3/20화 교실수업 (골든벨 세트 설치)유단자 파악 태권도 모둠 편성 청소년체조	3/22목 청소년체조 움직이는 동그라미 삼겹살게임 의자 옮기기 200개	
1-7	3/5월(2) 수업 O.T.	3/7수(2) (컴퓨터실) 카페가입 평창올림픽 영상 시청	3/7수(6) (체육관) 친밀감 형성 레크레이션	3/12월(4) 창진 청소년체조 모둠 편성 QR코드 활용 연습 유단자 파악	3/14수(6) 청소년체조 자율체육활동	3/16금(3) 청소년체조 바운스파이크볼	3/19월 청소년체조 시범 바운스파이크볼	3/23금 청소년체조 배드민턴	
1차시	2차시	3차시	4차시	5차시	6차시	7차시	8차시	9차시	10차시
수업 O.T.	카페가입 및 평창 동계올림픽 시청	친밀감 형성 레크레이션	청소년체조 모둠 편성하기 및 태권도 유단자 파악	청소년 체조 숙달여부 확인 뉴스포츠 줄바토런, 바운스파이크볼	청소년체조 배드민턴 평가계획 안내하기 pbl 문제 만들기			모둠별 태권도 연습 10분 하이큐 영상, 우리동네 배구단 등 배구형 게임 (킨볼 대여?) 배구 진단평가? 언더핸드 패스 편안한 분위기에서	

그리고 이 시기쯤 학생들에게 과제를 받기 위해 카페를 개설해두고 카페에도 매 수업마다 가능하면 사진과 함께 수업의 내용을 기록해 두었는데, 그 덕분에 수업 진도 관리를 빼먹지 않고 더 잘 할 수 있었던 것 같다.

[온라인 카페 학급별 게시판을 활용한 수업 진도 관리]

Google Keep을 활용한 SMART한 체육 수업 진도 관리

다양한 방식으로 수업 진도를 관리하면서 각 방식의 장점과 단점을 파악하게 되었다.

〈수업 진도 관리 방식별 장단점〉

진도 관리 방식	장점	단점
수첩	간편하다. 수첩만 있으면 언제 어디서는 쉽게 기록할 수 있다.	자료 분실 위험, 지저분하고 알아보기 어렵다.
교무수첩	업무 기록, 수업 진도 관리, 평가를 하나로 해결할 수 있다.	자료 분실 위험, 지저분하고 알아보기 어렵다.
수업진도 관리표와 카페	PC에서 확인할 수 있기 때문에 분실의 위험이 적다. 이중으로 관리가 되기 때문에 나름 체계적인 관리가 가능하다.	수업 중 손으로 적은 후 컴퓨터에 가서 옮겨 기록해야 하기에 번거롭다.

아쉬운 점들을 모아 대안을 찾으려고 하니 다음과 같은 사항들을 해결해야 했다.

① 분실의 위험이 없을 것

② 언제, 어디서든 쉽게 사용 가능할 것(PC, 태블릿, 스마트폰 모두 확인 가능)

③ 체계적인 관리가 이루어질 것

④ 한눈에 알아보기 쉬울 것

해결해야 될 사항들을 모아 찾은 대안은 스마트폰 앱이었다. 수업 중 항상 스마트폰을 지니고 있기 때문에 앱을 활용하면 언제 어디서든 기록과 확인을 쉽고 편하게 할 수 있다. 그리고 디지털로 보관되기 때문에 자료의 분실 위험도 없다. 여러 종류의 앱을 사용해 보았다. 에버노트, 네이버 메모, Google Keep 이 세 가지 앱이 최종 순위에 들어왔는데 세 가지 앱의 장점과 단점도 비교해 본 뒤, Google Keep을 최종적으로 사용하기로 결정했다.

[Keep 로고]

[Google Keep PC 화면]

Google Keep은 구글에서 서비스하고 있는 스마트 툴 중의 하나로 간편한 메모를 할 수 있고, 메모한 내용을 범주화하여 보관할 수 있는 앱이다. PC와 스마트폰, 태블릿 PC 등 어디에서나 사용이 가능하고, 사용 방식이 매우 간편하고 직관적이다. 게다가 메모 내용별로 색깔을 달리 설정할 수 있어 한눈에 보기도 편하다. 아래의 사진은 수업 진도를 기록한 내용을 PC와 태블릿(아이패드), 스마트폰에서 봤을 때의 모습을 캡쳐한 것이다. 위 진도표는 1학년 7개 반의 수업 진도를 관리했던 내용인데 1반부터 7반까지 각각 무지개 색깔의 순서대로 색깔을 넣어 알아보기 쉽게 설정을 해 두었다. 매 수업이 끝나면 그 날의 수업 진도를 바로바로 스마트폰에 입력하고, 자세한 내용에 대한 입력이 필요한 경우에는 PC나 태블릿을 통해 수정했다. 어떤 기기에서든 쉽게 입력과 확인이 가능해서 이전보다 작성에 대한 부담도

줄었고, 알아보기도 훨씬 쉬워서 진도를 더 열심히 작성하고 싶은 마음이 생기게 한다. 일단 진도 관리가 제대로 된다는 느낌이 드니 수업 준비에도 좀 더 자신감이 생기는 것 같았다.

〈Google Keep 메모장을 활용한 수업 진도 기록〉

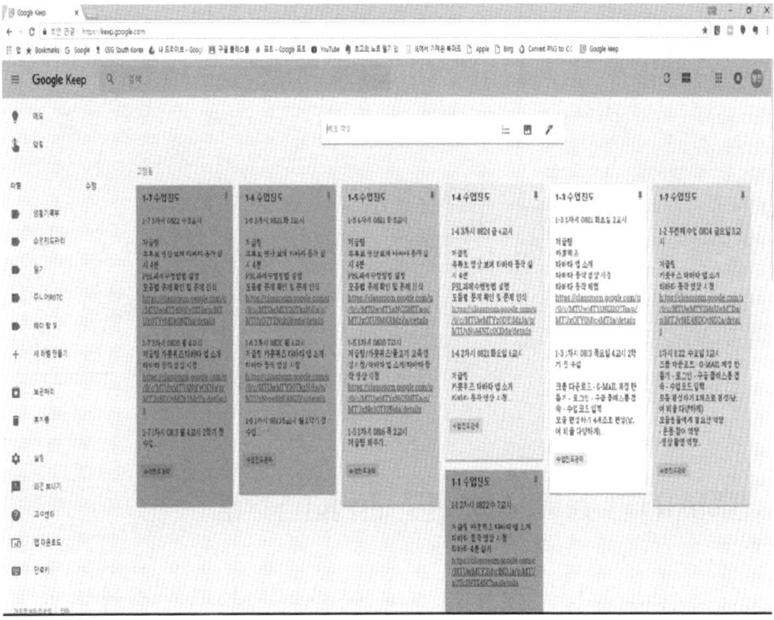

[PC 화면]

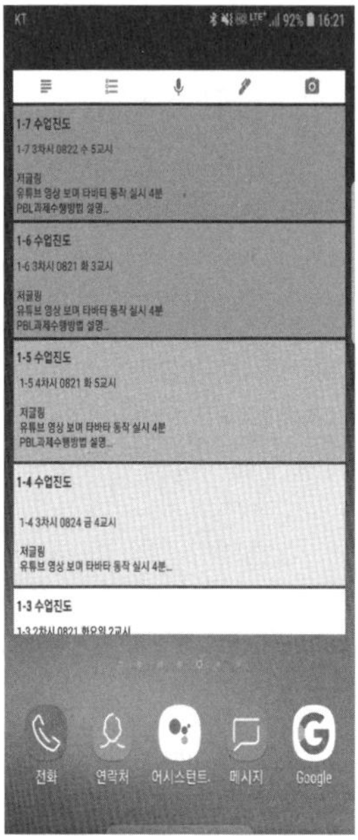

[스마트폰 화면]

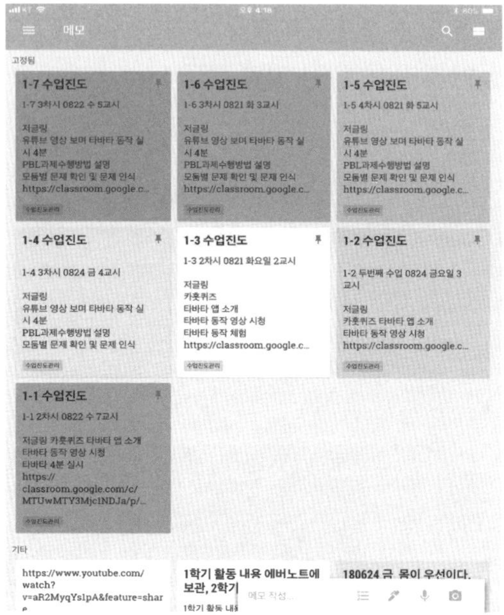

[아이패드 태블릿 화면]

SMART한 체육 수업 진도 관리의 유익함

수업 진도 관리 방식을 아날로그에서 디지털로, 디지털에서 한 단계 더 나아가 앱으로 바꾸면서 수업을 운영하는 교사인 내 삶에도 많은 변화가 찾아왔다. 분실에 대한 위험이 사라져 마음 편히 기록할 수 있었고, 언제 어디서든 기록과 확인이 가능해 간편하고 수월하게 진도 관리를 할 수 있었다. 그리고 깔끔하고 예쁜 디자인 덕분에 자주 보게 되고 수업에 대해서도 더 자주 생각하게 되는 것 같았다. 개인적으로는 Google Keep을 활용한 수업 진도 관리에 만족스러웠다. 선생님들도 각자에게 맞는 방식으로 자신의 수업 진도 관리를 해 보시길 권한다. 나의 경우 메모를 깔끔하게 하지 못하는 성격에 물건도 잘 잃어버리는 스타일이라 지금의 방식이 가장 최적화된 방식이지만 사람에 따라 아날로그 방식이 더 편리할 수도 있다. 각자에게 맞는 수업 진도 관리 방식을 찾아서 수업 진도를 항상 기억하고 준비된 상태로 수업에 들어가는 체육 교사가 되길 바란다.

Google Keep은 사용법이 간단해서 특별한 이해 없이도 바로 사용이 가능하지만 기능을 알면 좀 더 편하고 효율적으로 사용이 가능하다. 아래에 표시된 사이트 링크와 고객센터 링크를 참조하기 바란다.

〈Google Keep 사용 방법 안내〉

Google Keep 사이트 접속 링크 - 접속하여 구글 아이디로 로그인하면 Google Keep 사용이 가능하다. https://keep.google.com/	Google Keep 고객센터 - 접속하면 Google Keep 사용법에 대해 알아볼 수 있다. https://support.google.com/keep/#topic=6262468

Ⅳ

수업과 업무 준비를 위한 에듀테크 활용 팁!

수업에 도움을 주는 사이트 알아두기

유용한 윈도우 & 크롬 브라우저 단축키 모음

크롬 브라우저 활용하기

체육 수업에 유용한 디지털 디바이스와 보조도구의 활용법

수업에 도움을 주는 사이트 알아두기

이미 오래전부터 인터넷을 통해 우리는 많은 수업자료를 찾아 활용해왔다. 체육 교사가 지녀야 할 역량 중 "검색력"도 하나의 중요한 역량이 된 것 같다. 나 또한 다양한 사이트에서 여러 선생님들께서 올려주신 자료들을 살펴보면서 아이디어를 얻고 수업에 대한 자신감과 용기를 키워왔다. 이미 알고 잘 활용하고 계신 분들도 있겠지만, 이런 방식들이 익숙하지 않거나 유용한 사이트를 마땅히 알지 못하는 분들을 위해 준비했다.

선생님들에게 도움이 될만한 사이트들을 모았다.

교육과 체육 관련 사이트, 체육관련 연구회 및 개인 사이트, 기관 및 개인의 유튜브 사이트까지 체육 수업에 도움을 줄 수 있는 공간들을 구글 문서에 표로 만들었다. 이 문서는 아직 완성되지 않은 사이트 목록이다. 이 책을 읽은 선생님들과 함께 완성해 갈 사이트 목록이기도 하다. 선생님들께서 이 사이트들을 통해 더 성장하시고 더 많은 것들을 공유하는 분들이 되시길 응원한다. 그리고 문서 내에 변화가 필요한 부분이 있다면 댓글로 건의해 주시면 반영하도록 하겠다.

〈수업에 도움을 주는 사이트 접속을 위한 QR코드와 링크〉

접속 QR코드	접속 링크
	https://docs.google.com/document/d/1InX9xt6BKHWmfv_taia4WTzznR4GHy9DThs7qe-SgzM/edit?usp=sharing

위의 QR코드나 접속 링크를 통해 사이트를 모아둔 구글 문서로 접속이 가능하다. 각각의 사이트 목록을 활용하는 방법에 대해서도 간단히 소개하겠다.

교육 및 체육 관련 기관 사이트

교육부를 비롯하여 교육 및 체육과 관련된 기관 사이트들을 모아 두었다. 최신 교육의 동향을 파악하거나 최신의 연구 자료들을 찾을 때 유용하게 활용이 가능하다. 특히 에듀넷 티 클리어, 잇다, 지식샘터, 학교체육진흥회 등은 교사가 중심이 되어 운영되는 사이트들로 선생님들이 소비자이면서 생산자가 될 수도 있는 공간이다. 수업이나 교육적인 방향을 잡을 때 이런 주요 사이트들의 내용들을 참고하면 흐름을 확인하고, 그 흐름 안에서 다양한 아이디어를 얻을 수 있다.

유튜브 채널(단체 및 개인)

유튜브는 구글이라는 한 회사에 속한 하나의 플랫폼에 불과하다고 하기에는 그 영향력이 너무나 막대한 정보의 바다이다. 체육 수업과 관련해서도 유튜브에 도움을 줄 수 있는 다양한 채널들이 존재한다. 신기한 것은 기관에서 운영하는 채널보다는 교사나 교육전문직에 종사하는 분들의 채널들에 의외로 도움이 되는 내용들이 많다는 것이다. 자신의 수고가 담긴 자료들을 아낌없이 공유해주는 분들에게 감사의 박수와 응원을 보내드린다. "유튜버"라고 하면 다소 부담스러울 수 있지만, 수업자료 보관을 위한 "영상 클라우드" 정도로 생각한다면 선생님들에게도 그리 부담스러운 공간은 아닐 것 같다. 다양한 선생님들이 올려둔 자료들을 보며 아이디어도 얻고, 기회가 되고 용기가 난다면 선생님들만의 영상 클라우드를 하나 만들어 활용해 보는 것도 좋을 것 같다.

체육 교사 공동체 및 체육교과연구회 사이트

과거 모든 체육 수업의 자료들은 각 지역의 교과연구회 카페에서 나왔다고 해도 과언이 아니다. 한 시대를 풍미했던 카페의 인기는 SNS의 발달로 인해 한풀 꺾였다고도 볼 수 있지만, 여전히 이 공간은 그 나름의 매력과 의미를 지니고 있다. 길게는 10년이 넘은 과거의 체육교육의 역사들이 각 카페들에 남아 있기도 하고, 자료가 현재의 SNS들과는 달리 항목별로 체계적으로 정리되어 있어 잘 활용한다면 선생님들의 수업에 도움이 될 것 같다. 현재에는 이런 카페들이 소수의 선생님들을 통해 명맥을 이어나가는 경우가 대부분이고, 이마저도 힘든 카페들은 어느 순간 멈춘 채로 존재하기도 한다. 시대의 흐름은 바뀌었지만 이 공간들에도 우리의 자료와 아이디어들이 다시 채워지면 새로운 공간으로 탈바꿈할 수 있지 않을까 하는 기대를 해본다.

한 가지 여담을 더하자면 카페는 기업에서 우리에게 제공해 준 하나의 홈페이지이자 자료 저장을 위한 클라우드 공간이다. 무료로 제공되는 이런 잘 갖추어진 홈페이지를 함께 잘 가꾸어 나간다면 무언가 우리 안에 소속감이나 자부심 같은 것들이 더 키워지지는 않을까?

개인 교사 사이트

개인 교사가 운영하는 사이트에는 개인의 교사로서의 삶이 녹아 있고, 수업에 대한 노력들도 함께 담겨 있다.

몇몇 선생님들의 개인 교사 사이트는 교과 연구회 사이트 이상으로 활발하게 자료가 업로드되고, 참여를 통해 도움을 얻는 교사의 수도 많다. 체육 수업자료, 업무자료, 교사의 성찰하는 글, 교육정책에 대해 요약한 자료, 자신의 성장 과정 소개 등 개인 교사 사이트에서도 우리가 경험하고 느낄 수 있는 것들이 많다.

유용한 윈도우 & 크롬 브라우저 단축키 모음

윈도우나 크롬 브라우저의 단축키를 활용하면 수업과 업무에 효율성을 더할 수 있다. 단축키를 통해 업무나 수업에서 불필요하게 낭비되는 시간을 효과적으로 줄일 수 있다. 여러 단계를 거쳐서 실행해야 할 동작을 단축키로 빠르고 손쉽게 작동시킬 수 있으면 업무 속도가 올라가고 수업에서 학생들이 불필요하게 기다리는 시간이 사라져서 수업의 흐름이 끊기지 않게 하는 데에도 큰 도움을 준다.

윈도우와 크롬 브라우저에서 활용할 수 있는 단축키를 몇 가지 소개한다.

〈윈도우, 크롬 브라우저 단축키 모음 사이트 QR코드, 링크〉

구분	단축키 모음 링크 QR코드	단축키 모음 이동 링크
윈도우		https://support.microsoft.com/ko-kr/windows/windows%EC%9D%98-%EB%B0%94%EB%A1%9C-%EA%B0%80%EA%B8%B0-%ED%82%A4-dcc61a57-8ff0-cffe-9796-cb9706c75eec
크롬 브라우저		https://support.google.com/chrome/answer/157179?hl=ko&co=GENIE.Platform%3DDesktop

윈도우

〈윈도우 단축키〉

Ctrl	X C V	잘라내기 복사하기 붙여넣기
	Z	작업 실행 취소
	N W	창 열기 창 닫기
	⊞ + D ⊞ ← →	가상데스크톱 생성 가상데스크톱 간 이동
	마우스휠(↑, ↓)	확대/축소
	숫자 0	배율 100%
Alt	Tab	열려있는 창 간에 이동
	F4	활성 창 닫기
⊞	← → ↑ ↓	상하좌우 분할
	D	바탕화면 보기/숨기기
	E	파일 탐색기 열기
	i	윈도우 설정
	숫자키(1~0)	작업표시줄 열기
	T	작업표시줄 선택
	L	PC 잠금
	Shift + S	화면 캡처
	S	윈도우 검색
	더하기(+),(-) Esc	돋보기 켜기 확대/축소 돋보기 끄기
	점 (.)	이모지 기능
	P	프레젠테이션 표시

크롬 브라우저

〈크롬 브라우저 단축키〉

<table>
<tr><td rowspan="10">Ctrl</td><td>W</td><td>창 닫기</td></tr>
<tr><td>Shift + T</td><td>최근 닫은 탭 열기</td></tr>
<tr><td>T</td><td>새 탭 열기</td></tr>
<tr><td>Tab
Shift + Tab</td><td>탭 간 오른쪽 이동
탭 간 왼쪽 이동</td></tr>
<tr><td>N</td><td>새 창</td></tr>
<tr><td>Shift + N</td><td>시크릿
모드 새 창</td></tr>
<tr><td>F</td><td>글자 찾기</td></tr>
<tr><td>H</td><td>방문기록</td></tr>
<tr><td>Shift + V</td><td>(서식없이)붙여넣기</td></tr>
<tr style="display:none"></tr>
<tr><td>Alt</td><td>← →</td><td>뒤(앞)으로 가기</td></tr>
<tr><td>F6</td><td colspan="2">주소창 입력</td></tr>
<tr><td>F11</td><td colspan="2">전체화면 보기</td></tr>
</table>

크롬 브라우저 활용하기

크롬 브라우저는 구글에서 개발한 웹 브라우저다. 현재 세계에서 가장 높은 점유율을 자랑하는 브라우저이고, 국내에서도 압도적인 점유율로 1위를 하고 있는 브라우저다. 구글 클래스룸 사용을 비롯한 대부분의 에듀테크를 크롬 브라우저 기반으로 활용하기 때문에 크롬 브라우저를 잘 활용하면 수업과 업무에 많은 효율성과 효과성을 지닐 수 있다. 여기서는 크롬 브라우저의 북마크 기능과 유용한 확장 프로그램에 대해서 몇 가지 소개하고자 한다.

크롬에서 북마크 추가하여 수업에 활용하기

북마크는 인터넷 익스플로러나 마이크로소프트 엣지에서의 즐겨찾기와 유사한 기능을 가진 크롬 브라우저의 기능이다. 자주 가는 사이트나 인터넷상에 있는 자료의 링크를 찾기 쉽게 따로 모아두었다가 필요할 때 활용하는 기능이다. 이 북마크 기능을 잘 활용하면 크롬 브라우저에서 많은 시간을 절약할 수 있고, 쉽고 간편하게 자료에 접근할 수 있다. 북마크 바는 주소창 바로 아래에 빈 공간을 의미한다. 만약 메인 화면에 북마크 바가 보이지 않는 경우에는 다음과 같이 조치하면 된다.

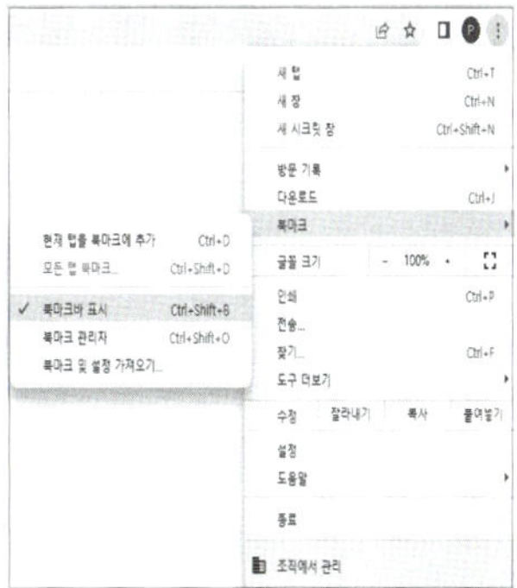

메인 화면에 북마크 바가 없는 경우 우측 상단 점 세 개 클릭–북마크–북마크바 표시를 누르면 북마크 바 공간이 나타난다.

북마크를 추가하는 두 가지 방법

북마크를 추가하는 방식은 크게 두 가지로 나눌 수 있다.

주소창 좌측의 자물쇠 표시를 마우스 좌클릭 후 드래그하여 북마크바 위치로 옮기기

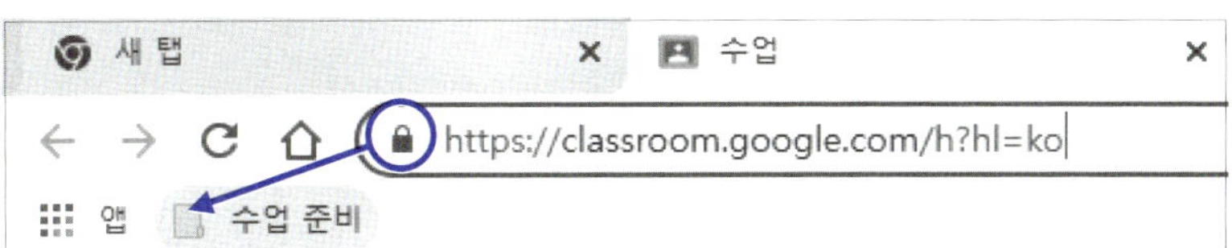

주소창 우측의 별 모양 누르기

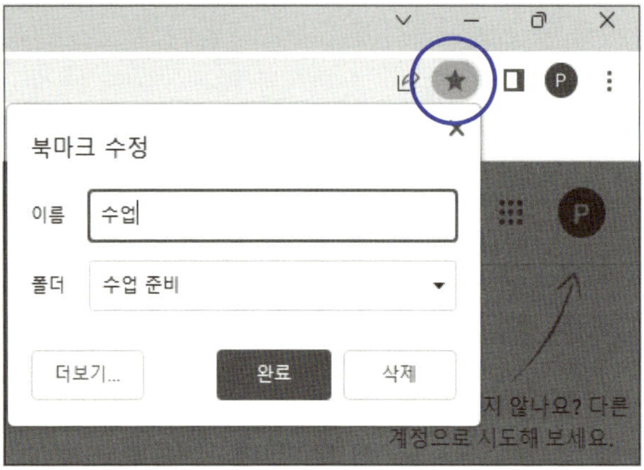

북마크 바에 수업에 필요한 다양한 사이트 모아두기

북마크 바에 그림과 같이 다양한 사이트들을 북마크로 추가해두면 필요할 때 빠르게 해당 사이트로 접근할 수 있다. 이렇게 하면 수업과 업무에서 클릭이나 타이핑을 해야 하는 시간을 많이 절약해준다.

북마크 바에 사이트 내용 없이 아이콘만 남겨두기

북마크 바에 여러 사이트를 추가하다 보면 북마크 바가 아이콘과 사이트 관련 내용으로 길게 표시되어서 지저분해 보이고, 다양한 북마크를 추가하기가 어렵다. 북마크의 이름을 없애면 아이콘만 남아 깔끔하게 북마크 바를 정리할 수 있다.

북마크 아이콘만 남기는 방법

해당 북마크 마우스 우클릭－수정－이름 삭제－저장

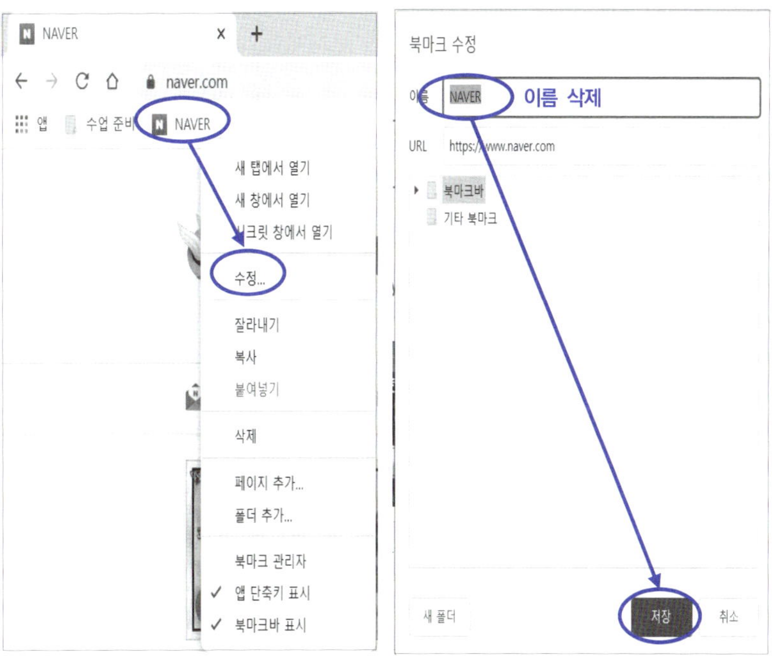

북마크 폴더 만들기

북마크 바에 마우스 커서를 두고 오른쪽 마우스 클릭–폴더 추가 클릭–폴더명 입력–저장 버튼 클릭

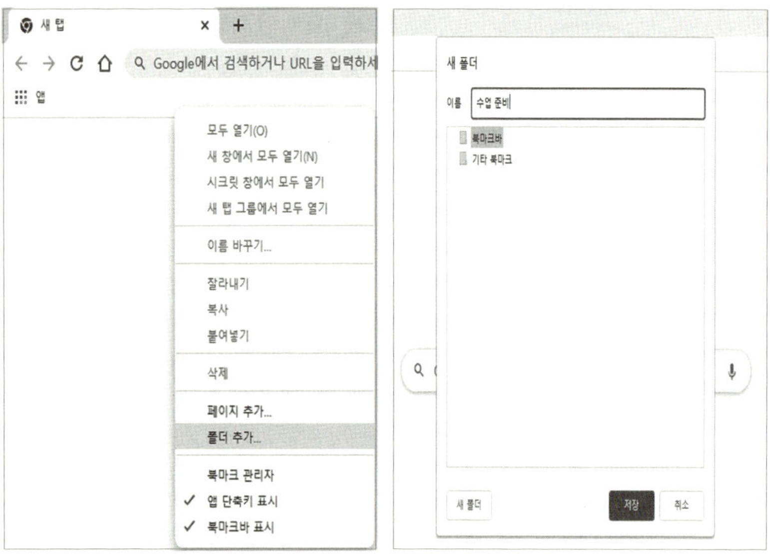

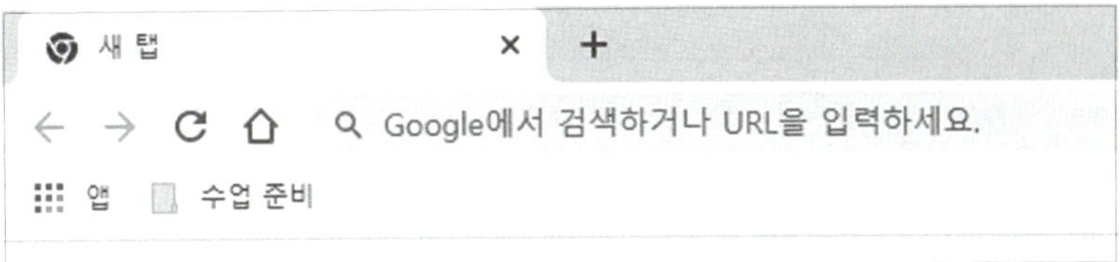

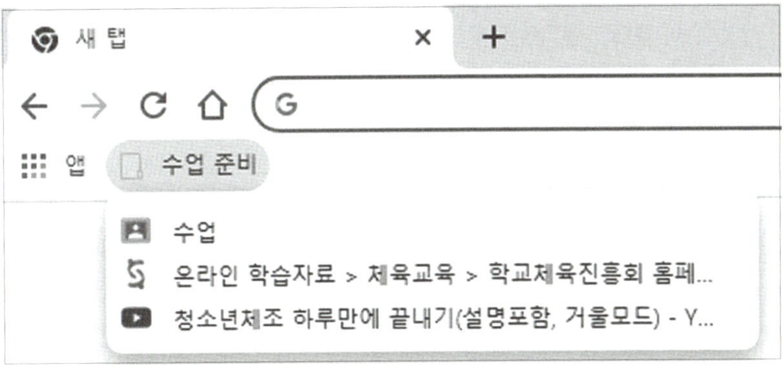

폴더를 만든 후에 여러 사이트를 즐겨찾기 기능을 통해 폴더 안으로 집어넣으면 폴더 단위로 필요한 자료를 모을 수 있다. 예를 들어 수업 준비와 관련된 사이트를 하나의 북마크 폴더에 모아두려면 각 사이트에서 주소창 좌측의 자물쇠 모양을 드래그하여 폴더에 집어넣거나 주소창 우측의 별표를 눌러 해당 폴더에 집어넣으면 된다.

마우스 휠을 활용해 폴더 내 사이트 한꺼번에 열기

폴더 위에 마우스 커서를 위치시킨 후에 마우스 휠을 한 번 클릭하게 되면 폴더 안에 있는 모든 사이트가 크롬 브라우저의 창으로 열리게 된다. 3개의 사이트가 하나의 폴더 안에 있다고 치면, 3개의 창이 크롬 브라우저에서 동시에 열리게 되는 것이다. 이렇게 하면 매번 필요한 몇 개의 사이트를 일일이 열지 않아도 돼서 편리하다.

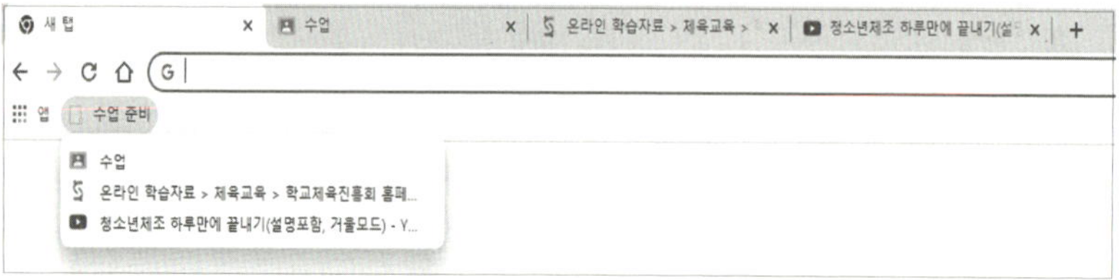

수업 준비 북마크 폴더에 마우스 커서를 위치시킨 후에 휠을 한 번 클릭하면 그림과 같이 폴더 안에 있는 모든 사이트들이 한꺼번에 열리게 된다.

크롬 브라우저 확장 프로그램

확장 프로그램은 크롬 브라우저를 활용할 때 자체 기능에서 부족한 면을 보완해주는 기능을 하는 프로그램이다. 북마크가 즐겨찾기의 개념이라면 확장 프로그램은 말 그대로 기능을 확장시켜주는 역할을 한다. 예를 들면, 크롬 브라우저 자체에서 화면을 녹화하는 기능이 없을 때 확장 프로그램을 설치하면 손쉽게 화면을 녹화할 수 있고, 화면 캡처 확장 프로그램을 설치하면 1초 만에 화면을 캡쳐할 수 있다. 필요한 기능에 맞추어서 확장 프로그램을 검색하고 설치해서 사용해 보면서 자신에게 꼭 필요한 확장 프로그램을 추가해두면 시간과 에너지를 절약할 수 있고 수업과 업무에 효율을 더할 수 있다.

크롬 브라우저 확장 프로그램 설치 방법

구글 검색창에서 '크롬 웹 스토어' 검색－웹스토어－프로그램 검색－chrome에 추가(확장 프로그램 추가)－사용(브라우저 우측 상단(주소창 옆)에 표시됨)

크롬 브라우저 확장 프로그램을 브라우저에 표시하기

크롬 확장 프로그램을 설치한 후 주소창 우측의 퍼즐 모양 클릭–확장프로그램명 우측의 압정 표시 클릭

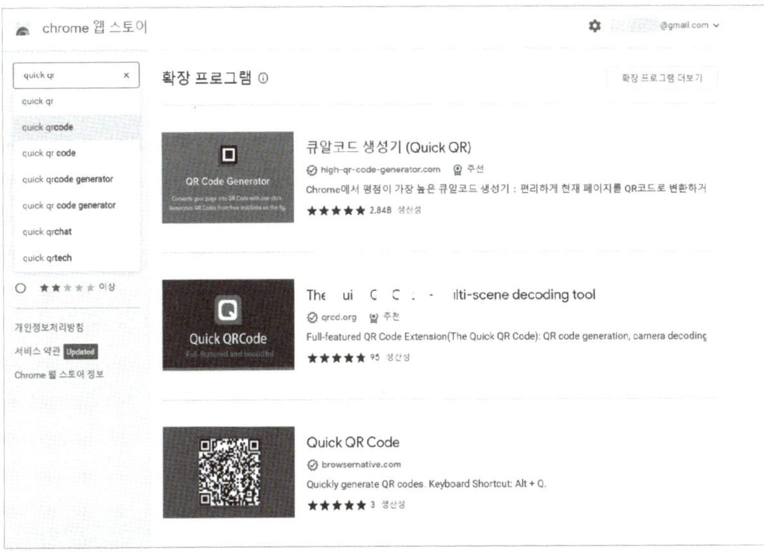

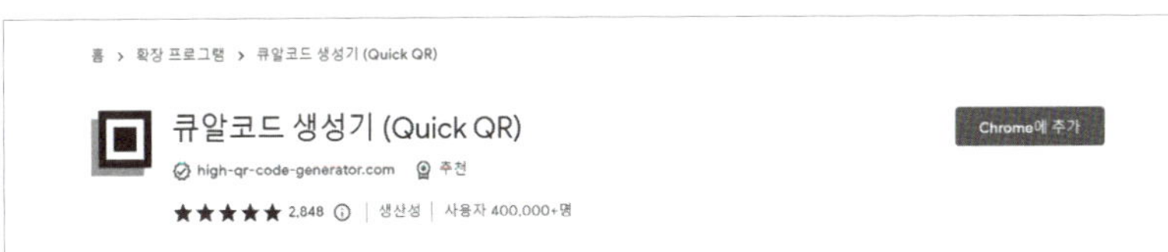

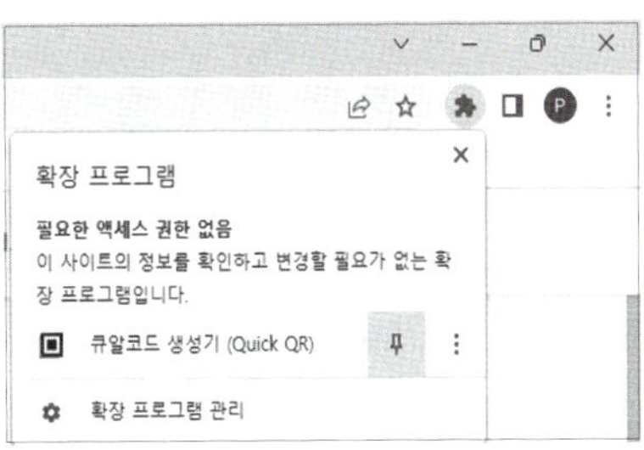

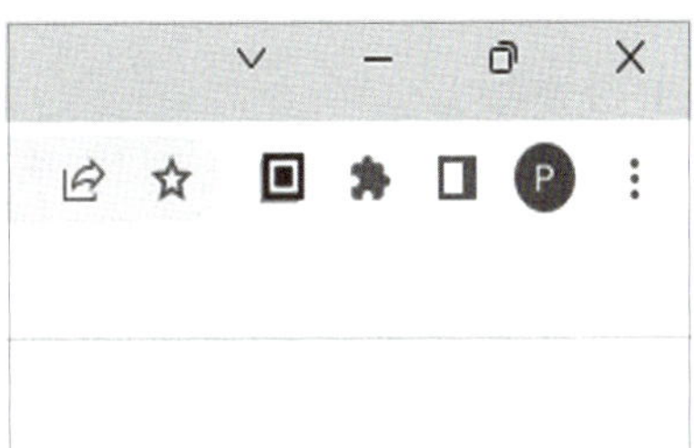

유용한 크롬 확장 프로그램

업무나 수업에 활용하면서 많은 도움을 주었던 크롬 확장 프로그램을 몇 가지 소개한다. 선생님들마다 편리하게 쓰는 확장 프로그램의 종류는 서로 다를 수 있기 때문에 이런 것들이 있다는 것 정도만 파악하고 각자 취향에 맞는 확장 프로그램을 찾아서 설치해보고 지우기를 반복하며 자신에게 적합한 확장 프로그램을 브라우저에 설치해두고 활용하면 된다. 여기서는 주로 사용한 4가지 정도의 확장 프로그램만 소개한다. 선생님들에게 맞는 확장 프로그램을 설치해보고 사용해보고 마음에 드는 것은 고정하고, 필요 없는 것은 삭제해보는 과정을 거치면서 자신에게 편리한 확장 프로그램을 브라우저 상단에 배치해두면 된다.

Quick QR

Quick QR은 1초 만에 QR코드를 만들어주는 확장 프로그램이다. 자신이 현재 보고 있는 사이트나 웹 상의 강의자료 등을 제공할 때 클릭 한 번을 QR코드 형태로 띄울 수 있다. 자료 제작 시 Quick QR의 주소창 입력란에 URL을 넣기만 하면 자동으로 QR코드가 생성되고 이미지를 복사하여 원하는 자료에 넣으면 간편한 QR코드 자료 제작이 가능하다.

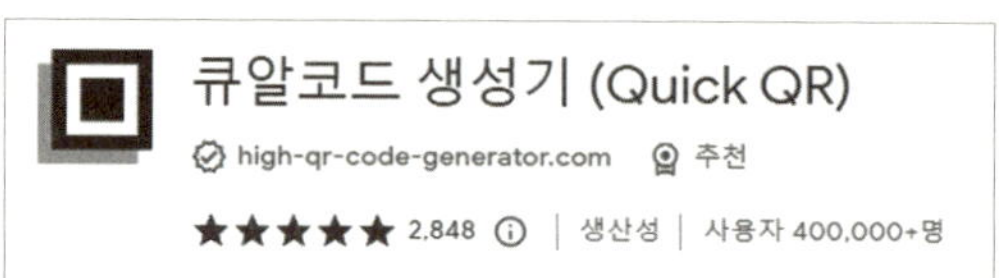

Bitly

Bitly는 긴 URL 주소를 단축시켜주는 확장 프로그램이다.

단순히 URL을 단축만 시켜주는 것이 아니라, 원하는 문구를 넣어 URL을 커스터마이징 할 수도 있다.

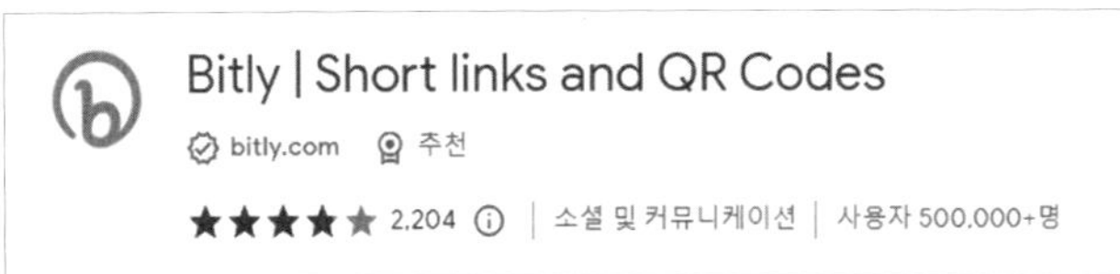

Adblock for youtube

Adblock for youtube는 유튜브 광고를 보지 않고 영상을 볼 수 있게 해주는 확장 프로그램이다.

Slid

Slid는 유튜브 영상을 보면서 원하는 부분을 캡처하고, 내용과 관련된 기록도 할 수 있는 확장 프로그램이다. 캡쳐한 이미지 자체에 글씨를 쓰거나 그림을 그릴 수도 있다. 완성된 자료는 링크를 통해 공유가 가능하고, pdf, 워드, 이미지, Notion 등의 포맷으로 저장 및 활용이 가능하다.

슬리드(Slid) - 유튜브 캡쳐 노트
slid.cc
추천
129
생산성
사용자 40,000+명

체육 수업에 유용한 디지털 디바이스와 보조도구의 활용법

에듀테크를 활용한 체육 수업이 원활하게 이루어지기 위해서는 수업 운영을 위한 환경과 도구가 필요하다. 기본적으로 체육관 또는 교실에 인터넷 환경이 구축되어 있고, 수업에 적합한 디지털 디바이스와 보조도구가 있다면 수월하게 에듀테크를 활용할 수 있다. 학교마다 무선망이 빠르게 보급되어 있고, 체육관과 운동장에도 와이파이가 설치되는 학교가 늘어나고 있다. 국가 차원에서 학교 내에 무선망 설치가 추진되고 있고, 다양한 디바이스들도 보급되고 있다. 그러나 현장에서 필요한 디테일한 도구들을 교사들이 확인하고 준비하면 더 효과적이다. 체육 수업을 하면서 사용했던, 혹은 사용하면 유용하다고 생각했던 디지털 디바이스와 보조도구를 소개한다.

디지털 디바이스와 보조도구의 종류

삼각대, 캠코더, 스마트폰, 쿠킹 타이머(모둠 활동), 전자 호각, 짐벌, 고프로, 인스타360, 빔프로젝터(고정형, 이동형), 대형TV(이동식 TV 거치대 포함), 미러링 장비(유선 및 무선 미러링 장비, 크롬캐스트, 애플TV), 멀티탭, 리드선, 고속 멀티 충전기, 태블릿(보관함 포함), 크롬북(보관함 포함), 무선 키보드 및 마우스, 드론, 웨어러블 디바이스(스마트 워치, 스마트 밴드 등) 등

삼각대

학생들의 수행 장면을 촬영하거나 모둠 단위로 평가 결과를 영상으로 제작할 때 활용하면 좋다. 다양한 높이와 다양한 각도에서 촬영이 가능한 것으로 하되 내구성이 있는 튼튼한 것으로 구매하는 것을 추천한다.

각도 조절 스마트폰(태블릿) 거치대

AR이나 AI 등을 활용한 모션 인식 활동 시 각도를 조절하여 인식률을 높이거나, 영상 촬영 시 촬영에 적합한 디바이스의 각도를 만들어내는 역할을 한다.

캠코더

스포츠클럽 대회나 운동부 대회, 체육대회, 수업 장면 등 고화질로 활동에 대한 영상을 남길 때 활용하면 유용하다. 고가의 장비이므로 관리 및 보관이 중요하고, 사용 목적이 명확한 경우에 구매해서 활용하는 것을 권장한다.

디지털 카메라

캠코더와 마찬가지고 다양한 활동에 대해 고화질의 사진 및 영상을 촬영할 경우에 활용하면 유용하다. 고가의 장비이므로 관리 및 보관이 중요하고, 사용 목적이 명확한 경우에 구매해서 활용하는 것을 권장한다.

스마트폰

수업에서 가장 메인이 되는 디바이스라고 할 수 있다. 수업 참여, 영상 촬영, 앱 설치 및 사용, 활동 결과물 제출, 협업 등 스마트폰 하나로 수업 안에서의 대부분의 활동이 가능하다. 수업을 하면서 학생들이 지닌 휴대폰의 성능이 보급형 태블릿보다 더 좋은 경우가 많았다. 웬만한 활동은 스마트폰의 성능 정도면 충분하다. 학생 1인당 휴대폰 1대를 가지고 참여하는 것이 가장 효과적이지만 경우에 따라서는 모둠 당 1대의 스마트폰을 두고 활동에 참여하거나 특정 학생만 스마트폰을 가지고 참여하는 형태로 운영할 수도 있다. 여분의 스마트폰이 있다면 수업 촬영용으로 활용하는 것도 좋은 방법이다. 2~3대 정도의 스마트폰으로 수업을 촬영하고 결과를 확인하면 다양한 각도에서 학생들의 활동 장면들을 확인하고 수업의 내용을 확인할 수 있어 유용하다.

쿠킹 타이머(모둠 활동)

교사가 정해둔 시간 안에 활동을 진행하고 다음 활동으로 넘어가는 경우 일일이 시간을 체크하는 것은 비효율적이고 신경이 쓰이는 일이다. 쿠킹 타이머를 활용하면 정해진 시간에 맞추어서 학생활동이 진행되도록 할 수 있다. 쿠킹 타이머는 가격이 비교적 저렴하며 기능도 매우 단순해서 학생들도 쉽게 사용이 가능하다. 기본적으로 원하는 시간을 세팅하고 시작 버튼을 누르면 주어진 시간이 끝났을 때 알람이 울리는 방식이다. 다시 세팅하려면 리셋 버튼을 눌러 시간을 초기

화 한 후에 원하는 시간으로 세팅하여 사용하면 된다. 스테이션식 수업에서는 특히나 쿠킹 타이머가 빛을 발한다. 쿠킹 타이머로 시간을 세팅해 두고 알람이 울리면 학생들이 이동하는 방식으로 수업을 진행하면 교사의 특별한 지시 없이도 학생들이 자연스럽게 다음 코스로 이동하게 할 수 있다. 시간 제한을 두고 실시하는 활동을 할 때에도 쿠킹 타이머를 맞추어두고 활동을 진행하면 긴장감 있게 활동을 진행할 수 있다. 쿠킹 타이머의 뒷면에는 자석이 붙어 있어서 체육관이나 교실, 운동장 내에 적절히 붙여둘 곳이 있다면 붙여두고 활용하면 된다. 교사의 아이디어에 따라 쿠킹 타이머의 활용도는 무궁무진하다.

전자 호각

코로나 이후 입으로 호루라기를 부는 것도 많이 조심스러워졌다. 그러면서 전자 호각의 활용도가 많이 올라간 것 같다. 학생부 행사나 경찰서의 행사 기념품으로 전자 호루라기를 주는 경우도 몇 차례 보았다. 전자 호각은 교사가 학생들에게 주의를 집중시킬 때나 각종 경기에서 심판 역할을 담당한 교사 또는 학생이 돌려가며 쓸 수 있어서 공용으로 몇 개 정도 구매해 두고 함께 사용하면 좋다.

짐벌

꼭 필요한 장비라고는 할 수 없지만 짐벌을 활용하면 학생들의 활동과 수업 장면을 흔들림 없이 촬영할 수 있다. 체육 수업은 역동적인 활동 장면이 많아서 짐벌을 활용하면 흔들림에 대한 스트레스 없이 안정적으로 영상을 촬영할 수 있다. 여건이 된다면 모둠별로 하나씩 짐벌을 마련하여 수행 촬영 시 활용하게 하는 것도 좋겠다.

고프로

마찬가지로 필수 장비까지는 아니지만 있으면 역동적인 영상을 촬영할 수 있다. 다양한 체험에서 고프로를 활용하면 일반적인 스마트폰으로는 촬영할 수 없는 영상을 촬영할 수 있다.

인스타360

고프로와 같은 역할을 하는 장비이지만 전후면을 모두 촬영하여 360도 전체를 한 번에 화면에 담을 수 있다는 큰 장점을 지니고 있는 장비다. 최근에 인스타 X360 3까지 나왔고, 많은 분야에서 그 활용성이 나타날 것으로 예상된다. 한 번의 촬영으로 여러 각도의 영상을 확보할 수 있어서 촬영의 효율성을 얻을 수 있는 것과 더불어 경우에 따라서는 드론으로 촬영한 것 같은 연출 효과도 낼 수 있고, 아이디어에 따라 다양한 형태의 영상 촬영이 가능하다. 기술이 점점 발전하고 VR 기기의 확산도 점차 가속화 되면서 일반적인 영상 촬영보다는 이런 영상 촬영들이 점차 확산되지 않을까 조심스레 짐작해 본다.

빔프로젝터(고정형, 이동형)

각 지역별로 있는 다양한 체험관이나 박물관 등을 방문하면 빔프로젝터를 활용하여 체험할 수 있게 만들어 둔 시설들을 어렵지 않게 찾아볼 수 있다. 모션 인식 센서와 빔 프로젝터를 활용하여 사람의 동작에 따라 화면이 바뀌거나 점수가 올라간다거나 하는 등의 게임적 요소들을 가미한 활동들이 체험관의 활동 중 인기있는 활동으로 자리 잡고 있다. 각 공간별 특성에 따라 빔프로젝터의 활용도는 각자 다르지만 여러 분야에서 빔프로젝터가 다양한 아이디어를 구현하는 도구로 사용되고 있음은 조금만 둘러봐도 쉽게 알 수 있다. 학교 안에서도 빔프로젝터의 활용 용도는 다양하다. 기존에는 컴퓨터 화면을 미러링해주는 정도의 용도로 활용했다면, 이제는 빔 프로젝터와 라이다 센서, 모션 인식 장비 등을 통해 신체활동을 유도하는 첨단 장비의 역할을 하기도 한다. 개인적으로는 빔 프로젝터가 이동이 용이하고 적절한 수준 이상의 밝기를 제공하여 어느 정도 밝은 곳에서도 가시성을 지니고 있는 것을 활용하는 것이 좋다고 생각한다. 이동형 제품 중에 키스톤 조정이 가능하여 측면에서 쏘더라도 화면이 직사각형으로 잘 표현될 수 있는 장비라면 AR이나 VR 등을 활용한 활동에 빔프로젝터가 유용하게 사용될 것이라 생각한다. 실제로 학생들과 AR 신체활동 게임을 활용하여 수업을 할 때 3대의 빔프로젝터를 활용해서 수업을 진행하면서 대화면이 주는 몰입감과 학생들의 참여도 향상을 직접 느낄 수 있었다. 스마트폰 화면이나 태블릿 화면도 나쁘지 않지만 기왕이면 큰 화면에서 학생들이 시원시원한 수행 장면을 함께 관람하면서 진행하는 편이 좋다. 몇천만 원의 예산은 없는데 당장 무언가 새로운 체육 수업을 경험시켜주고 싶다면 빔프로젝터와 유용한 앱을 활용해서 수업에 도전해 보는 것도 좋겠다.

대형TV(이동식 TV 거치대 포함)

빔프로젝터와 마찬가지로 학생들에게 대화면으로 활동에 참여할 수 있도록 해주고 빔프로젝터보다 높은 선명도를 통해 학생들의 집중도를 올려주는 장비다. TV는 거거익선(화면이 크면 클수록 좋지만) 체육관에 배치해 두고 활용하는 측면에서는 안정성과 이동성, 활용성 측면을 고려하여 적정한 크기를 정하는 것이 좋다. 요즈음에는 중소기업에서 나온 4K 화질의 모니터들이 생각보다 저렴한 가격에 판매되고 있다. 이런 제품들로도 수업 중 영상 송출용으로는 충분히 활용이 가능하다. 여유가 좀 된다면 화면 분할 기능이 탑재된 모니터를 구매하는 것을 추천한다. 여러 디바이스들을 연결하여 체육관 또는 교실이 하나의 경기장인 것처럼 학생들에게 경험을 제공해 줄 수 있기 때문이다. 4분할이 되는 모니터를 활용해서 2대의 태블릿에 핑거타이머(스포츠 스태킹 기록용 앱)앱을 띄우고 화면의 좌, 우측 상단에 송출하고 아래 두 화면에는 스마트폰 카메라를 미러링하여 연결해두고 팀별 스포츠 스태킹 대결을 진행해보니 학생들이 좀 더 경기같은 분위기를 만끽하면서 수업에 참여할 수 있었다.

미러링 장비(유선 및 무선 미러링 장비, 애플TV)

교사나 학생의 스마트폰이나 태블릿, 노트북 등을 대형 화면에 편리하게 송출할 수 있게 도움을 주는 도구다. 애플TV를 제외하면 대부분의 미러링 장비는 10만원 아래에서 충분히 구매가 가능하다. 저렴한 것은 2만원 정도 하는 것도 있다. 무조건 비싸거나 싸다고 좋은 것은 아니고 수업의 목적에 따라 적당한 것을 구매하면 된다. 단순히 화면을 미러링해서 영상이나 프리젠테이션 화면을 보여주는 용도라면 저렴한 미러링 장비도 무방하다. 그러나 학생들이 미러링 된 화면을 통해 활동을 진행해야 하는 경우에는 딜레이가 적은 장비를 활용하는 것이 바람직하다. AR 앱을 활용한 수업을 진행할 때 무선 미러링 장비를 통해 송출되는 화면에 딜레이가 생겨서 유선 미러링 장비로 대체하여 문제를 해결한 경험이 있다. 아무래도 아직까지는 무선보다는 유선이 안정성 면에서 더 뛰어나기 때문에 활동이 주가 된다면 유선 미러링 케이블을 긴 길이로 구매해서 사용하는 것도 나쁘지 않을 것 같다. 아이패드의 경우에는 미러링에 종종 어려움을 겪는 경우가 생기는데 이에 대한 근본적인 해결책은 애플TV를 사용하면 해결이 되기는 한다. 애플TV를 통해 화면에 미러링이 이루어지면 기기 간에 딜레이가 거의 없이 활동이 이루어질 수 있다. 다만 애플TV는 아이패드나 아이폰이 있어야만 그 효과를 발휘할 수 있고 애플TV 자체가 다른 미러링 장비와 비교했을 때 상대적으로 고가의 장비라 초기 구입 때 부담이 될 수 있다. 여건만 된다면 좋은 장비들을 활용해서 학생들에게 최적의 교육환경을 제공해 주는 것을 추천한다.

멀티탭, 리드선

체육관 내에서 자유롭게 디지털 장비들을 활용하려면 멀티탭과 리드선의 활용이 필수적이다. 적절한 구 수의 멀티탭과 적절한 길이의 리드선을 준비해두면 장비 이동 시 전력 공급에 대한 고민을 줄일 수 있다.

고속 멀티 충전기

계속되는 수업에 특정 장비를 활용하다 보면 배터리가 빨리 소모된다. 고속 멀티 충전기를 활용하면 수업 중이나 쉬는 시간에 장비들을 쉽게 충전하고 활용할 수 있다.

크롬북(보관함 포함)

크롬북은 구글 크롬OS를 기반으로 사용되는 디바이스다. 쉽게 이야기하면 크롬 브라우저만 사용이 가능한 노트북이라고 보면 된다. 여기에 안드로이드 앱을 설치할 수 있는 기능도 있어서 일부 안드로이드 앱도 활용이 가능하다. 학생들에게 구글 클래스룸 기반 또는 웹 기반으로 수업을 진행할 경우에 크롬북을 활용하면 학생들이 쉽게 활동 결과를 기록할 수 있다. 크롬북은 일반 노트북에 비해서는 가격이 저렴하고 구글 클래스룸 기반으로 수업을 운영할 때 효율적인 도구다. CEU라는 기능을 활용하면 교사가 크롬북을 손쉽게 관리하고 학생들의 시험도 크롬북에서 치를 수 있다. 개인적으로는 스포츠 스태킹 수업 시 크롬북에 핑거 타이머(스포츠 스태킹 기록 측정 앱)를 설치하여 기록을 측정하고 활동 결과는 크롬북으로 구글 클래스룸 과제에 접속하여 결과를 입력하는 방식으로 수업을 진행하였다. 크롬북으로 기록을 측정할 수 있기 때문에 학생 개인의 스마트폰으로는 활동 장면을 영상으로 촬영하는 형식으로 수업을 진행했었다.

태블릿(보관함 포함)

태블릿을 활용하면 다양한 앱을 활용하여 학생들의 수업에 도움을 줄 수 있다. 학생 개인이 스마트폰을 가지고 활동에 참여할 수도 있지만 저학년의 경우나 경우에 따라서는 스마트폰을 소지하지 않은 학생들도 있기 때문에 가급적이면 태블릿이 구비되어 있다면 수업을 운영하는데 있어서 일관성 있는 교육환경을 제공해 줄 수 있다. 태블릿은 스마트폰과 마찬가지로 다양한 앱을 설치하고 활용할 수 있다. 크롬북에 비하여 로그인 방식에 번거로움은 있지만 영상을 촬영하고 업로드하는 측면에서는 크롬북보다 편리한 면도 있다. 무선 키보드나 마우스 같은 입력 도구를 함께 활용하면 더 효율적으로 활용 가능하다.

무선 키보드 및 마우스

태블릿이나 크롬북을 사용하는 경우에 추가로 구비를 하면 학생들이 좀 더 쉽고 편리하게 기기에 내용을 할 수 있다.

드론

실내 및 야외에서의 수업이나 경기를 공중에서 촬영하면 색다른 관점에서 바라볼 수 있다. 드론을 활용하면 의미 있는 영상을 촬영할 수 있고, 녹화된 영상을 활용하여 경기 분석 자료로 활용도 가능하다.

웨어러블 디바이스(스마트 워치, 스마트 밴드)

웨어러블 디바이스는 착용하는 것 자체로 운동에 대한 데이터를 기록해주기 때문에 수업에서 유용하게 활용할 수 있는 디지털 디바이스다. 갤럭시 워치나 애플워치, 갤럭시핏이나 미밴드 등이 대표적인 예이다. 아직까지는 손목에 차는 밴드류가 주를 이루고 있지만 앞으로는 안경이나 장갑 등 다양한 형태로 웨어러블 디바이스가 등장할 것이다. 밴드형 웨어러블 디바이스의 경우 큰 규모의 학교에서 학생들에게 모두 제공하여 활용하기에는 다소 부담이 될 수 있다. 소규모 학교의 경우 예산이 충분하다면 학생 개인별로 웨어러블 디바이스를 제공하고 일상과 수업에서의 활동을 분석해보는 것도 좋은 수업이 될 것 같다. 앞으로는 1인 1디바이스와 더불어 1인 1웨어러블 디바이스도 강조되지 않을까 기대해 본다.

지금까지 체육 수업에 유용한 디지털 디바이스와 활용법에 대해서 알아보았다. 처음 디지털 디바이스를 활용해서 수업을 진행하다 보면 생각지도 못한 어려움들이 생겨날 것이다. 이런 어려움들 때문에 디지털 디바이스를 수업에 활용하는 것을 주저하지 않았으면 한다. 익숙하지 않은 과정을 잘 적응해 나가면 이전보다 편리하고 의미 있는 수업이 진행되는 것을 경험할 수 있을 것이다.

V

활용 방법에 따른 앱 및 웹 프로그램 소개

- 신체활동을 촉진하는 AR 기반의 앱
- AI 기반의 홈트레이닝 앱
- 러닝 및 걷기 앱
- 동작분석 앱
- 비디오 딜레이 앱
- 구글 기반의 에듀테크 도구
- 영상 편집용 앱
- 자료 제작 도구
- ChatGPT 등의 LLM(거대 언어 모델)

여기에서는 선생님들께서 수업에 활용 가능한 다양한 앱 및 웹 프로그램에 대해서 소개하고자 한다. 에듀테크는 사용자의 사용 목적에 따라서 그 사용 방법이 다양하게 변할 수 있다. 그만큼 교사의 창의성이나 수업 설계 능력이 에듀테크를 활용한 수업에서는 중요하다. 본 장에서는 내가 수업에 활용했거나 알고 있는 다양한 앱들을 유형에 따라 구분하여 소개하고자 한다. 참고로 소개하는 앱들은 현재도 수시로 업데이트가 진행되는 것들도 있어서 책에서 소개하는 시점과 실제로 사용해보는 시점에 메뉴 구성이나 앱의 기능들이 개선되거나 변화될 수 있음을 감안해주기 바란다. 개별 앱에 대한 자세한 사용법까지는 다루지 않았다. 각 앱이 어떤 이유로 사용되는지와 대략적인 활용 방법 등만 소개하였다. 대부분의 앱이 직관적으로 사용이 가능하기 때문에 몇 번만 사용해보면 익숙해질 것이라 생각한다. 그 중에서 마음에 드는 앱이나 웹 프로그램이 있다면 유튜브나 구글, 네이버 검색 등을 활용해 익히고 수업에 적용하기를 권장한다. 에듀테크를 배우는 것은 생각보다 어렵지 않다. 처음부터 너무 어려운 프로그램부터 섭렵하려 하거나 거창한 기능부터 익히려 하기 때문에 두렵고 부담스러운 마음이 드는 것일 뿐이다. 앱 하나를 설치해보고 사용해보다가 어렵거나 마음에 들지 않으면 지우면 된다. 다양하게 경험해보고 나에게 맞는 쉽고 유익한 프로그램이 있다면 그것을 사용하면 된다. 지금부터 활용 방법에 따른 앱 및 웹 프로그램에 대해서 알아보자.

신체활동을 촉진하는 AR 기반의 앱

최근 들어 AR과 인공지능 기반으로 신체활동을 유도하는 다양한 앱들이 개발되고 있다. 개인적으로는 체육 교사에게 있어서 온・오프라인 연계 체육 수업에서 가장 중요한 역할을 할 수 있는 것이 앱이라고 생각한다. 학교에서야 예산을 활용하여 체육 수업을 위한 환경을 구성하고 장비를 구비할 수 있지만, 모든 학생들이 가정에서나 학교 밖에서 동일한 수준의 수업 환경을 구성하기에는 무리가 있다. 앱은 스마트 디바이스만 있다면 시간과 장소에 구애받지 않고, 학교와 가정에서 거의 유사한 활동을 할 수 있는 기반을 조성해준다. 최근에 나오는 홈트레이닝 앱이나 게임 기반의 AR과 VR앱들은 이런 점을 염두에 두고 개발이 되고 있는 것 같다. 체육 교사들도 체육 수업과 관련되어 새롭게 나오는 앱에 관심을 가지고 미리 경험해보고 수업에도 적용해 본다면, 또 다른 방향에서의 효과적인 수업 방법이 될 수 있을 거라 생각한다. 나는 수시로 특정 키워드 검색을 통해 구글 플레이스토어나 앱 스토어에서 앱을 검색해 보고는 하는데 코로나 이후에 신체활동과 관련하여 새롭게 나오는 앱들이 꽤 많다. 그만큼 앱 개발자들도 이런 수요를 예측하고 다양한 신체활동 앱을 내어놓는 것이 아닐까 추측해본다. 여기서는 현재 사용이 가능한 AR 기반의 인공지능 앱들을 소개하고자 한다. 모든 앱을 깊이 있게 다 사용해 본 것은 아니기 때문에 사용한 앱들에 대해서는 좀 더 구체적으로 설명하고 깊이 있게 사용해 보지 못한 앱들에 대해서는 어떤 기능을 지닌 앱인지 정도를 소개하고자 한다. 스마트폰의 구글 플레이 스토어나 앱

스토어에서 손쉽게 다운로드 및 체험할 수 있는 앱들로 구성되어 있으니 책을 읽고 나서 한 번씩 설치하고 경험해보길 바란다.

Active Arcade(android, iOS)

Active Arcade는 Nex Team에서 개발한 AR 기반의 신체활동 게임 앱이다. 2022년 10월 기준으로 14가지의 게임이 있으며, 각 게임별로 다양한 형태로 신체활동에 참여할 수 있게 프로그램이 구성되어 있다. 2021년 고3 학생들의 2학기 수업에 활용한 앱이기도 하다. 이 앱의 가장 큰 장점은 스마트폰만 있으면 언제 어디서든 신체활동을 할 수 있게 만들어 준다는 것이다. 모션 인식 기반의 프로그램들은 비싼 가격 때문에 여전히 학교에서는 접하기 힘든 경우가 많은데 Active Arcade는 이런 비용적인 측면을 해결해주는 아주 고마운 앱이다. android와 iOS 모두 사용이 가능하기 때문에 어떤 기종의 스마트폰을 사용하더라도 학생들이 참여가 가능하고 온라인과 오프라인의 연계가 쉽다는 점, 비용이 거의 발생하지 않는다는 점, 기대 이상의 신체활동을 유도한다는 점 등 다양한 장점을 가진 현재로서는 최고의 신체활동 앱이라고 생각한다. 교사가 수업에서 이 앱을 어떻게 활용할지 잘 설계만 한다면 초, 중, 고등학교 모두에서 충분히 활용 가능성이 높은 앱이다. Active Arcade에서 제공하는 게임의 종류와 특징에 대해서 간단하게 소개한다. 소개된 내용을 참고해서 스마트폰에 앱을 설치하고 직접 경험해보길 바란다.

출처: https://www.activearcade.ai/

[액티브 아케이드 홈페이지 화면]

[Active Arcade 게임 활동 영상 21개 재생목록]

Active Arcade 게임의 종류

순서	게임 메인 화면	게임 특징
1	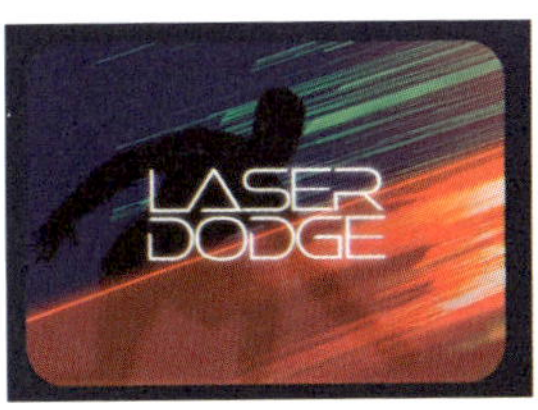	LASER DODGE 붉은 빛이 도는 레이저를 피해 몸을 움직이며 점수를 획득하는 게임 1인만 참여 가능, 화려한 시각적 효과
2		REACTION FLOW 화면에 보이는 숫자를 순서대로 빠르게 터치하여 점수를 획득하는 게임 1인, 2인 참여 가능 2인 게임은 협동형

순서	게임 메인 화면	게임 특징
3		BOX ATTACK 화면에 보이는 가상의 네모박스에 몸을 넣어 점수를 획득하는 게임 1인만 참여 가능 팔굽혀펴기, 점프, 스쿼트 동작으로 이루어짐
4		GALAXY JUMPERS 가벼운 점프를 반복하며 장애물(기둥)을 통과하는 게임 1~4인 참여 가능 동시에 4명이 함께 할 수 있는 유일한 게임
5		DRIBBLE TAG 농구공을 드리블하면서 화면에 나타나는 점을 터치하는 게임 1인만 참여 가능하며, 한 손 터치, 두 손 터치, 공으로 터치의 3가지 방식으로 참여 가능
6		FIT PALS 주어진 점프 횟수를 완수하면 애완동물을 획득할 수 있는 게임 1인, 2인 참여 가능하나 교대로 실시하면 4인 이상도 참여 가능 협동 미션용으로 좋음

순서	게임 메인 화면	게임 특징
7	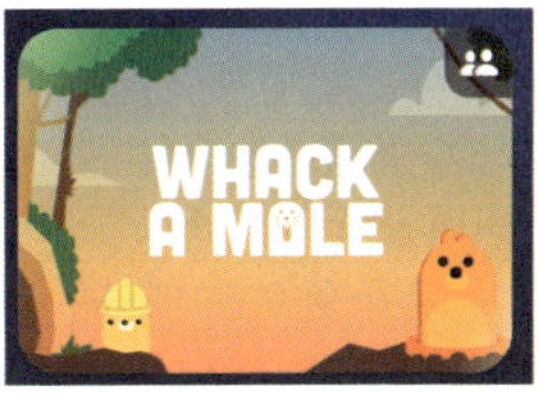	WHACK A MALE 두더지를 함께 잡으며 점수를 획득하는 협동 게임 1인, 2인 참여 가능
8		REACTION 화면에 보이는 녹색 점을 빠르게 터치하여 점수를 획득하는 게임 1인, 2인 참여 가능 2인 게임은 경쟁형
9		BUNNY HOP 점프를 하며 층을 오르며 단계를 하나씩 성취해 나가는 게임 1인 참여 가능
10		POSE! 화면 속 모델의 포즈를 따라 해서 정확한 포즈를 취하면 점수를 획득하는 게임 1인 참여 가능, 웃음, 즐거움 유발

순서	게임 메인 화면	게임 특징
11		CONE KNOCKOUT 좌우로 빠르게 방향 전환을 하며 콘을 터치하여 득점하는 게임 1인 참여 가능 거리 조절이 중요한 게임 사이드 스텝 연습 가능
12		SuperHits 음악에 맞추어 화면을 터치하여 점수를 획득하는 리듬 게임  CATCH와 SLASH 두 가지 방식 1인 참여 가능 2022년 starri라는 앱으로도 별도 출시됨.
13		HIGH Kicks 발차기로 화면에 표시되는 포인트를 터치하여 점수를 획득하는 게임 1인 참여 가능
14		SPACE PONG 가상의 벽면에 가상의 공을 오른손 또는 왼손 모션을 통해 벽치기하며 점수를 획득하는 게임 다소 연습이 필요함 연습 게임은 1인 참여 가능, 온라인 1:1 대전 가능

Active Arcade 게임별 실제 활동 영상

순서	프로그램명	QR코드
1	1. LASER DODGE 	
2	2-1. REACTION FLOW 1PLAYER 	
3	2-2. REACTION FLOW 2PLAYER 	

순서	프로그램명	QR코드
4	3. BOX ATTACK 	
5	4-1. GALAXY JUMPERS 1PLAYER 	
6	4-2. GALAXY JUMPERS 2PLAYER 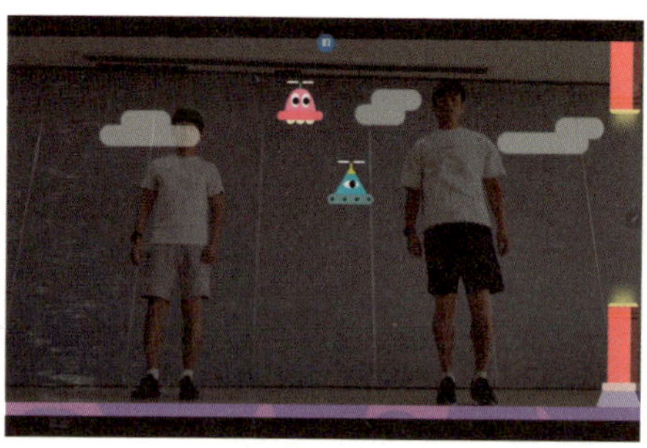	

순서	프로그램명	QR코드
7	5-1. DRIBBLE TAG_TOUCH TAG  	
8	5-2. DRIBBLE TAG_2-HAND TAG  	
9	5-3. DRIBBLE TAG_BALL TAG 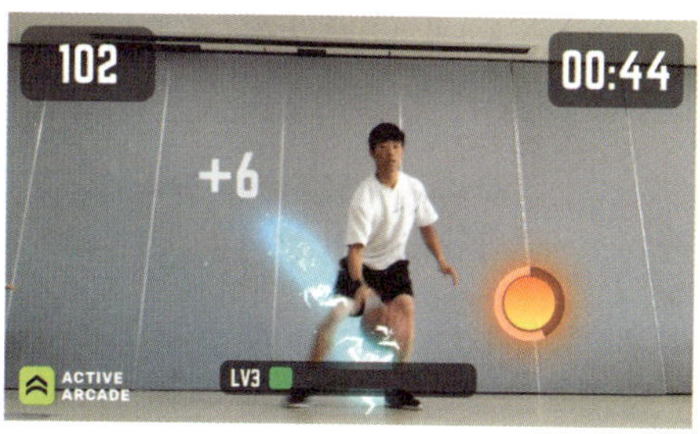 	

<table>
<tr><th>순서</th><th>프로그램명</th><th>QR코드</th></tr>
<tr><td>10</td><td>6. FIT PALS
</td><td></td></tr>
<tr><td>11</td><td>7-1. WHACK A MALE 1PLAYER
</td><td></td></tr>
<tr><td>12</td><td>7-2. WHACK A MALE 2PLAYERS
</td><td></td></tr>
</table>

<table>
<tr><th>순서</th><th>프로그램명</th><th>QR코드</th></tr>
<tr><td>13</td><td>8-1. REACTION 1PLAYER

</td><td></td></tr>
<tr><td>14</td><td>8-2. REACTION 2PLAYERS

</td><td></td></tr>
<tr><td>15</td><td>9. BUNNY HOP
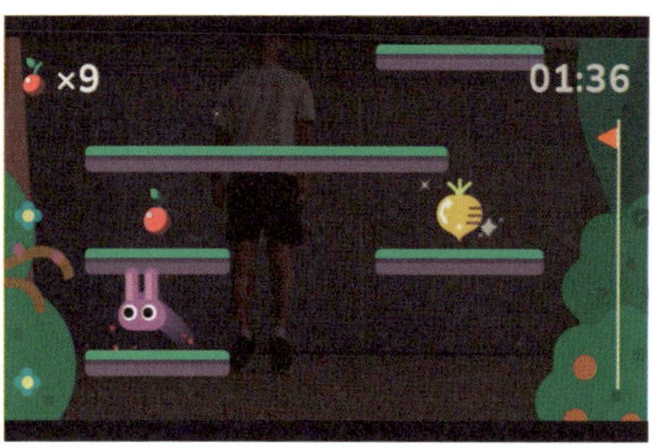
</td><td></td></tr>
</table>

순서	프로그램명	QR코드
16	10. POSE 	
17	11. CONE KNOCKOUT 	
18	12-1. SuperHits_CATCH 	

순서	프로그램명	QR코드
19	12-2. SuperHits_SLASH 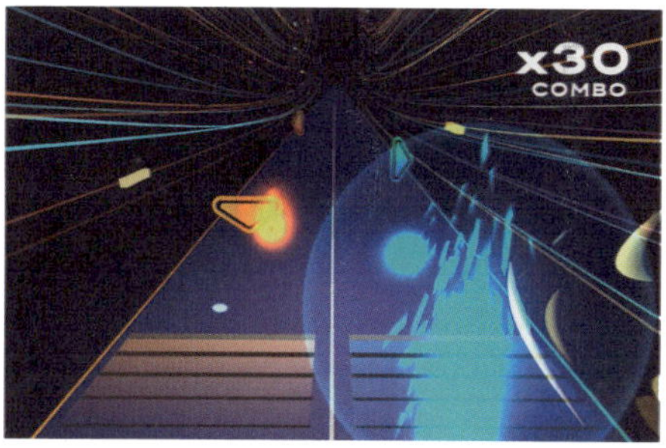 	
20	13. HIGH Kicks  	
21	14. SPACE PONG 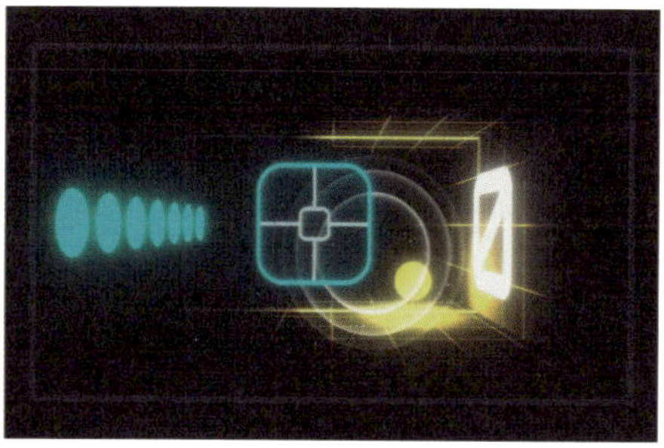	

Starri(android, iOS)

Starri는 Nex Team에서 개발한 AR 기반의 리듬 게임이다. 모션을 취하면 해당 모션을 인식해서 화면에 닿는 타이밍이 일치하면 점수가 올라가고 등급이 매겨지는 게임이다.

Active Arcade 안에도 'Super Hits'라는 이름으로 유사한 리듬 게임이 들어가 있는데, Starri는 여기에 일정 수준 이상의 등급을 달성하면 보석을 주는 보상을 마련하고 이를 통해 잠겨 있는 음악을 풀 수 있게 하는 등 좀 더 경쟁적이고 도전적인 요소를 포함하여 출시되었다. 그리고 필요한 경우에는 비용을 지불하고 보석을 사서 잠긴 음악을 사용할 수 있게도 해 두었다. android와 iOS에서 다 사용이 가능하며, 인식률도 좋은 편이다. 다만 기기의 성능이 어느 정도 수준은 되어 주어야 원활한 작동이 가능하다. 저사양의 기기인 경우에는 설치가 불가하거나 사용 시 딜레이가 발생할 수 있다. 수업에 활용 시에는 어느 정도 성능이 좋은 태블릿이나 스마트폰을 활용하여 수업 및 평가 등을 진행하는 것을 권장한다. 2022년 10월 기준으로 Starri 홈페이지에서는 노트북 버전도 준비 중이라고 안내하고 있다. 노트북 버전이 나오고 웹캠을 활용한 활동이 가능해진다면 수업에 좀 더 활용할 수 있는 방법들이 많아질 것 같다.

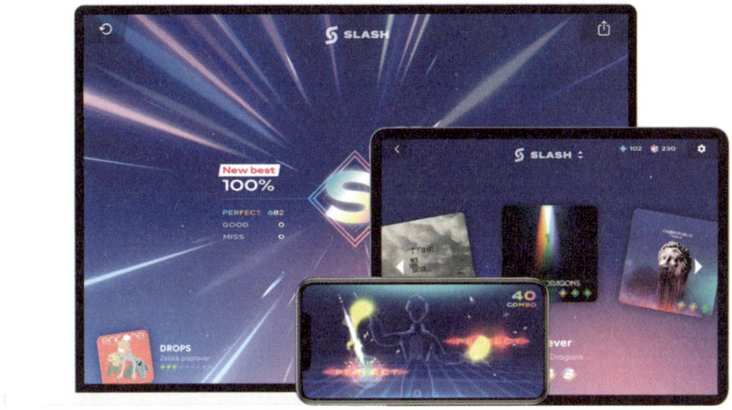

출처: https://www.starrigame.com/

[Starri 홈페이지 화면]

Just Dance Now(android, iOS)

Just Dance Now는 Ubisoft Entertainment에서 개발한 모바일 기반의 댄스형 리듬 게임이다. Xbox나 닌텐도 스위치, Wii 등에서 인기를 끌었던 Just Dance를 모바일 버전으로 즐길 수 있도록 개발된 앱이다. PC나 태블릿을 메인 디바이스로 두고, 스마트폰 1대당 1명의 참여자로 인식되어 댄스 게임에 참여하게 되는 방식으로 다수의 학생들이 동시에 참여할 수 있다는 것이 큰 장점이다. 무료 사용자에게는 최초 200코인이 주어지고, 24시간마다 100코인이 충전(최대 200코인까지만 충전됨)되는 방식이며, 1곡의 댄스를 개설하는 데는 100코인이 든다. 무료 사용을 위해 학생들끼리 서로 주어진 코인을 활용해 돌아가며 방을 개설해 주고 참여하거나, 교사가 유료 구매 후 학생들의 준비운동이나 정리운동, 표현활동 관련 수업 등에 활용할 수 있다.

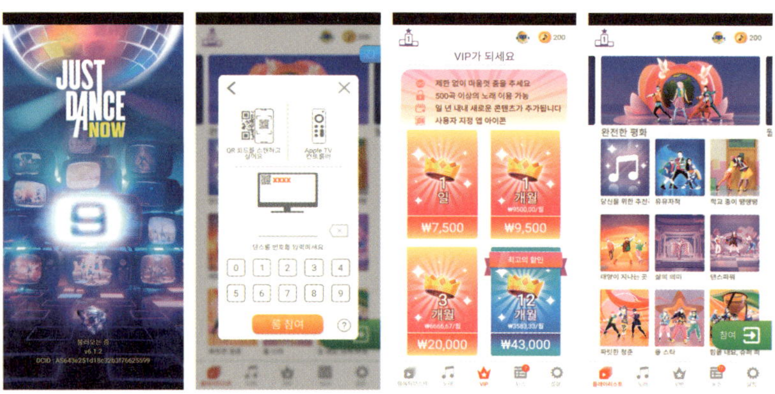

[Just Dance Now 앱의 화면 구성]

HomeCourt(iOS)

HomeCourt는 Nex Team에서 개발한 AR 기반의 AI 농구 트레이닝 프로그램이다. 농구 스킬 트레이닝과 슈팅 등 선수들의 기량 향상을 위한 훈련을 위해 개발된 앱이며, 현재까지 확인한 AR 기반의 신체활동 앱 중에서는 가장 전문적인 느낌의 앱이다. 농구 훈련에 특화된 앱으로 농구 수업에 활용하면 학생들에게 즐거운 참여를 유도할 수 있고, 트레이닝 프로그램 중 체력을 기르는 활동도 포함되어 있어 홈트레이닝용으로도 활용할 수 있다. 다만 아쉬운 점은 android 앱으로는 프로그램이 개발되어 있지 않아 모든 학생들이 사용하기에는 제한적이라는 점이다. 학교에서 iOS 계열의 기기들을 가지고 있다면 모둠 단위로 혹은 개인 단위로 기기를 활용하여 농구 수업에 활용해보길 바란다.

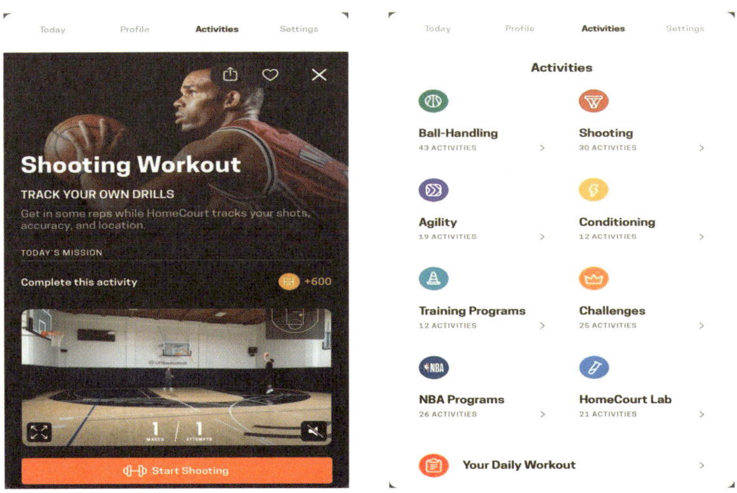

[HomeCourt 앱의 활동 구성]

Jumpr(android, iOS)

Jumpr은 가상의 줄넘기를 넘는 AR 기반의 앱이다. 실내외 어디에서든 줄 없이도 활동에 참여할 수 있다. 전 세계에서 참여하며 활동에 참여한 기록이 실시간으로 순위로 반영된다. 코로나로 인한 온라인 수업 시 막상 작은 도구도 학생들에게 제공하기가 어려운 경우가 많았다. Jumpr을 활용하면 실제 줄넘기가 없이도 줄을 넘을 수 있고, 좁은 공간, 실내에서도 충분히 활동이 가능하기 때문에 온라인과 오프라인 연계 수업 시 학생들의 신체활동을 유도하는 데 도움을 줄 수 있다.

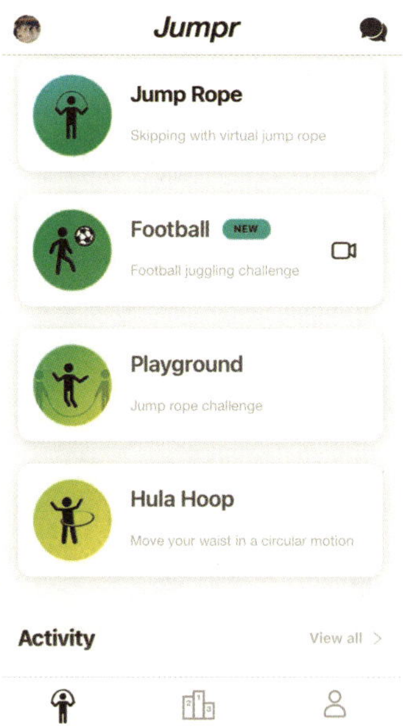

[Jumpr iOS]

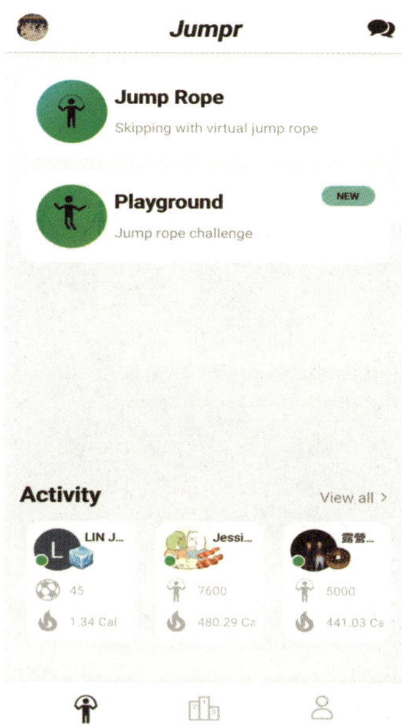

[Jumpr android]

android 앱에서는 Jump Rope(개인 줄넘기)와 Playground(돌려주는 줄을 넘는 줄넘기)라는 줄넘기 활동만 가능하지만 iOS 앱에서는 여기에 Football(가상의 공을 리프팅하는 활동)과 Hula Hoop(가상의 훌라후프를 돌리는 활동) 활동까지 총 4가지 활동이 가능하다.

[Jumpr 활동 영상]

BALLN(iOS)

BALLN은 AR 기반의 AI 축구 트레이닝 앱이다. 앱을 설치 후 영상을 보면 케빈 더 브라위너가 등장한다. 축구 트레이닝을 위해 개발된 앱으로 실내, 외에서 할 수 있는 훈련 프로그램을 제공하고 참여자의 동작을 인식하고 분석함으로써 활동 종료 후에 결과를 수치화하여 보여준다. 앱 내에 다양한 스킬 트레이닝이 있으며, 실내에서 할 수 있는 활동과 실외에서 할 수 있는 활동들로 구분되어 있다.

각 훈련을 시작하면 음성으로 설명이 나오고, 설명에 따라 카메라의 화면에 자신의 몸을 인식시키면 활동이 시작된다. 각 활동들을 수행하고 나면 그 결과를 점수로 표시해준다. 현재는 iOS 앱만 개발된 상태이지만 BALLN 홈페이지에서 android 앱도 개발 중이라고 안내하고 있다. 각 활동별로 하나의 무료 활동이 제공되고 나머지 활동은 유료로 결제해야 이용이 가능하다. iOS에서만 앱이 설치 가능하다는 점이 제한적이기는 하지만 앞으로 android 버전의 앱이 출시된다면 학생들이 온라인과 오프라인에서 축구 수업에 참여할 때 도움을 줄 수 있는 앱이다.

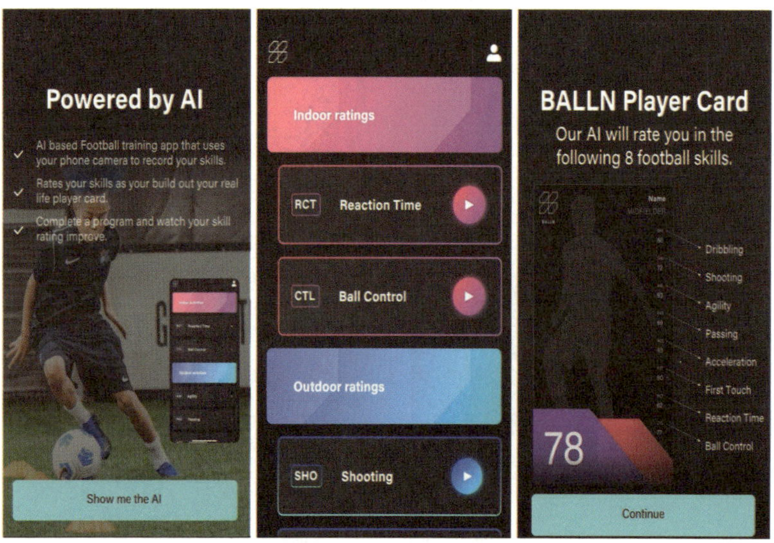

[BALLN 앱 내 화면 구성]

PartyFowl(android, iOS, PC)

PartyFowl은 Nex Team에서 개발한 AR 기반의 신체활동 게임이다. 트레일러 영상을 보면 가정에서 가족들이 즐겁게 PartyFowl의 게임을 즐기는 장면이 나온다. 기본적으로 이 앱은 가족 단위의 참여를 목적으로 한 친목형 게임이라는 느낌을 준다. 스마트폰 또는 스마트폰과 연결된 TV 화면에서 신체를 움직여서 가상의 미션을 수행하는 대결을 펼치는 게임이다. 무료로는 데모 게임에만 참여할 수 있으며, 구독제가 아니고 일회성 구매를 통해 20여 가지의 게임에 참여할 수 있다. 기본적으로 1:1 대결 구도로 게임이 이루어지고 하나의 게임이 짧은 시간에 끝나기 때문에 여러 명이 교대로 참여하기에도 괜찮은 게임이다. 즐겁게 웃으면서 활동하는 가운데 땀 흘릴 수 있는 게임이다. 데모 게임에 참여해보고 자신이 속한 학교급에서 활용이 가능한지를 고민해보고 구매하면 좋을 것 같다. 체력 향상 보다는 즐거운 참여 쪽에 좀 더 초점이 맞추어진 앱이다.

[무료 버전은 데모만 참여 가능]

[기타 게임은 구매 시 참여 가능]

메뉴 구성

① DEMO: 맛보기 게임

② GAME OF THE DAY: 오늘의 게임

③ QUICK MATCH: 미니 게임 대결을 통해 승패 겨루기(1승~9승까지 세팅 가능)

④ MINI GAME LIST: 20여 가지의 미니 게임 중 원하는 게임을 선택하여 대결

AI 기반의 홈트레이닝 앱

코로나 이후 한동안 운동 시설들이 문을 닫게 되면서 홈트레이닝이 인기를 끌었다. 그중에서도 집에서 혼자 운동을 할 수 있도록 안내 영상을 제공하고 동작을 분석해주는 앱들이 큰 인기를 끌었다. 코로나 이후에도 홈트레이닝 시장은 계속 상승세를 이어갈 것이라는 전망이 크다. 대기업과 스타트업들도 홈트레이닝 시장에 뛰어들어 그 영향력을 드러내고 있다. 2021년과 2022년에는 많은 스마트폰용 앱들이 출시되었고, 지금도 꾸준히 개발 및 출시를 거듭하고 있다. 제2, 제3의 코로나가 등장한다면 사람들의 건강 관리에 가장 큰 도움을 줄 수 있는 분야가 바로 홈트레이닝 분야이기 때문에 앞으로 홈트레이닝은 다양한 형태로 발전할 수밖에 없을 것 같다. 코로나 이후 체육 수업에서도 온라인과 오프라인을 연결하기 위해서 다양한 홈트레이닝 앱들을 사용하려는 시도들이 있었다. 앞으로 또 현재의 코로나와 같은 상황이 발생한다면 이런 홈트레이닝 앱들이 체육 수업에서 활용될 가능성이 높아질 것이라 생각한다. 수업 안에서 앱을 어떻게 사용할지에 대해 구체적인 설계를 잘하고 앱을 활용한다면 학생들의 건강 체력과 정신 건강을 함께 지킬 수 있는 좋은 체육 수업을 만들 수 있을 것이라 생각한다. 우수한 프로그래머들이 이런 유용한 앱들을 많이 개발해 주었으면 하는 바람이다. 그리고 유능한 체육 교사들이 다양한 홈트레이닝 앱을 사용해 보고 구체적인 사용법과 수업에서의 활용 방법 등을 함께 공유할 수 있으면 좋겠다. 혼자서 여러 앱들을 찾고 테스트 해 보면서 영어로 인한 진입장벽과 시간적인 한계, 공간적인 한계, 인력적 한계 등을 겪었다. 집단 지성을 활용하면 이런 유용한 앱들을 보다 쉽고 다양하게 발견하고, 교사들마다의 철학이 담긴 앱 활용 수업 방법을 공유하면서 더 풍성한 체육 수업을 만들 수 있을 것이라 생각한다. 이제 AI 기반의 홈트레이닝의 종류를 알아보자.

스마트홈트(android, iOS)

스마트홈트는 카카오VX에서 개발한 AI 홈트레이닝 앱이다. 스마트홈트는 인기 트레이너들의 트레이닝 지도 영상을 통해 홈트레이닝을 실시할 수 있으며, 함께 AI 코칭을 통해 실시간으로 자신이 수행한 동작의 오류를 파악하고 개선할 수 있다는 특징을 지니고 있다. 전문 트레이너로부터 개인 트레이닝을 받는다는 느낌을 통해 동기부여를 받고, AI 코칭을 통해 자신의 동작을 바르게 교정할 수 있다는 두 가지 장점으로 인해 수업에 활용 시 학생들에게도 동기부여가 되고 적극적 참여 유도가 가능하다. 앱 내의 탐색 기능을 통해 원하는 트레이너나 운동 프로그램, 개별 운동을 자신만의 플레이 리스트에 담아두면 보관함에서 확인할 수 있고, 챌린지에 참여하여 다른 사람들과 함께 경쟁하며 운동을 할 수도 있다. 식단을 추가하는 기능도 있는데 사진을 찍으면 사진 안의 메뉴를 자동으로 인식해서 식단을 추가해주고 식단의 메뉴에 따른 칼로리도 표시해준다.

메뉴 구성

① 홈: 운동 프로그램, 테마 챌린지, 트레이너, 나에게 맞는 운동, 건강에 좋은 운동 추천
② 탐색: 전체 및 운동 유형별 트레이너, 프로그램, 운동 검색
③ 챌린지: 진행 중인 챌린지 확인 및 참여
④ 보관함: 최근 본 운동, 구독한 트레이너, 내 플레이 리스트 표시
⑤ 마이: 오늘의 운동과 소모 칼로리, 운동 기록, 식단 관리

Tuby(android, iOS)

Plaicies는 집 안에서 하는 미래형 홈 피트니스를 지향하는 AR 기반의 게임형 AI 피트니스 앱이다. 독일 뮌헨에 위치한 Plaifit이라는 스타트업 업체에서 개발된 앱이다. 이 앱은 2021년 4월 22일 출시된 앱으로 개발을 지속하고 있는 것으로 보인다. 2022년 어린이를 위한 Evolving Play라는 앱을 개발하기도 했다. Plaicies는 운동을 게임처럼 즐기게 하기 위해서 노력한 흔적들이 많이 보이는 앱이다. 코로나 상황에 맞추어서 개발된 앱이라고도 생각된다. 맨몸으로 집 안에서 할 수 있는 운동들로 구성되어 있기 때문에 온라인과 오프라인을 구분하지 않고, 동일한 환경에서 참여가 가능하다. 게임처럼 즐겁게 활동을 하면서 운동을 즐길 수 있고, 운동 수행에 따라 포인트를 보상으로 제공해 주기도 한다. 현재(2023. 9. 28. 기준) 이 앱은 유료화가 되었으며 결제를 통해 7일간 무료 사용이 가능하다.

Evolving Play(android, iOS)

Evolving Play는 어린이들의 정신 건강 훈련을 위해 개발된 AR 기반의 AI 피트니스 앱이다. Tuby(구 명칭'Plaicies')를 개발한 독일 뮌헨의 스타트업 Playfit에서 2022년 7월 29일 출시하였다. https://www.evolvingplay.org/에서는 Evolving Play가 놀이를 통해서 어린아이들의 정신 건강을 훈련시키기 위한 목적으로 개발되었다고 소개하고 있다. 3세부터 9세까지의 어린 아이들을 주요 연령층으로 하며 이 앱의 개발을 위해 다양한 전문가와 협력했고, 신경과학 및 심리학 연구도 적용했다고 소개하고 있다. 홈트레이닝 앱의 교육적 활용에 대해 우리가 생각하는 것들을 실제로 구현하려고 노력한 앱이라 생각된다. 현재(2022.10. 기준) 4가지의 게임형 피트니스 프로그램이 제공되고 있다. 베타 테스터 역할을 하고 피드백을 제공할 수 있는 버튼도 마련되어 있어, 개선을 원하는 부분이 있다면 피드백을 보내 반영을 요청할 수도 있다. 대부분의 앱이 건강 관리, 즐거움, 게임, 보상 등에 초점을 맞추었다면 이 앱은 신체활동을 통한 신체와 정신 건강을 지킨다는 교육적 목적을 강조하는 앱이라는 점이 마음에 든다.

[Evolvig Play 앱 이미지]

[Evolvig Play앱 화면]

Insane AI(android, iOS)

Insane AI는 Insane AI라는 인도 벵갈루루 지역의 테크 스타트업에서 개발한 AI 기반의 홈트레이닝 앱이다. 2021년 시작된 Insane AI는 2021년 Insanefit이라는 이름의 앱을 플레이스토어와 앱스토어에서 선보였다. 그러다가 2022년 10월 회사 이름과 같은 Insane AI로 앱 명칭을 변경했다. 인증된 피트니스 트레이너와 AI엔지니어, 게이미피케이션 전문가에 의해 개발되었고, 인도와 유럽에서 주로 사용되고 있다고 한다. 운동을 하면서 포인트를 쌓고, 레벨 업을 하는 게임의 형식을 취하며, 운동을 통해 보석과 트로피 포인트를 받을 수 있는데 트로피 포인트로는 레벨 업을, 보석 포인트로는 원하는 운동 상품을 구매할 수 있게 되어 있다. 홈트레이닝 앱이라기보다는 게임 앱에 가까운 UI를 구성하고 있어 마치 게임을 하듯이 활동에 참여할 수 있다는 점이 흥미롭다. 운동을 수행함으로써 잠겨 있는 다음 단계의 운동을 열어 참여할 수도 있다. 게임적 요소가 학생들의 흥미를 유발하는데 큰 역할을 하기 때문에 이 앱을 잘 활용해서 온라인과 오프라인 연계뿐 아니라 오프라인에서의 체력 관련 수업에도 충분히 활용이 가능할 것이라 생각된다.

메뉴 구성

메인 화면과 좌측 메뉴로 구성

① 메인화면: 아바타 이미지, 보석과 트로피 포인트의 수치 표시

아래로 스크롤하여 운동 선택 후 참여 가능

② 좌측 메뉴

- Profile: 프로필 및 아바타 변경
- Leaderboard: 순위 표시
- shop: 보석으로 용품 또는 운동(workout) 구입
- Season: 과제 수행을 통한 미션 제공
- Contact us: 업체와 연락하기
- Rate us: 앱 평가하기

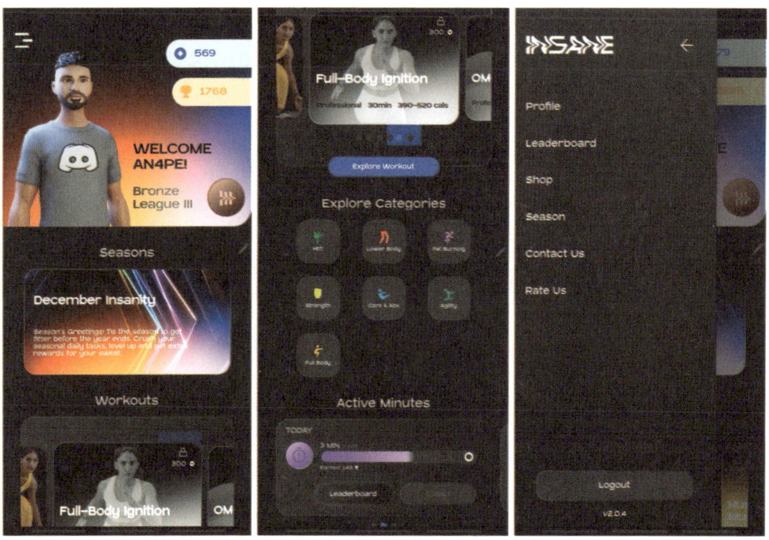

[Insane AI 메뉴 구성(메인 화면과 좌측 메뉴)]

러닝 및 걷기 앱

러닝 및 걷기를 위한 앱은 학생들이 주도적으로 활용하기 가장 좋은 앱이다. 학교에서뿐 아니라 가정에서도 앱 하나만 있으면 혼자서도 운동을 실천할 수 있기 때문이다. 러닝이나 걷기의 효과에 대해서는 이전부터 많은 연구 결과나 효과에 대한 기사들이 나왔지만 최근에 코로나19와 관련하여 러닝이나 걷기의 운동 효과가 몸과 마음의 건강에 미치는 영향에 대한 다양한 연구 결과나 기사들이 쏟아져 나오면서 러닝과 걷기를 실천하는 사람들이 부쩍 많아진 것 같다. 스마트폰 하나만 있으면 언제 어디서든 달리거나 걷고 결과를 누적할 수 있다는 점이 러닝 및 걷기 앱의 가장 큰 장점이다. 러닝이나 걷기 앱에는 동기부여를 위해 커뮤니티를 만들거나 달리거나 걷게 된 거리에 따라 보상을 제공하는 시스템이 적용되어 있다. 지루하고 단순한 러닝이나 걷기를 지속하게 하기 위한 많은 노력이 앱 속에 담겨 있고, 앞으로도 더 많은 아이디어가 적용된 러닝 및 걷기 앱이 나올 것이라 생각한다. 가장 기본적인 운동 습관을 형성하고 건강을 유지하는데 러닝 및 걷기 앱만큼 좋은 운동용 앱은 없는 것 같다. 기본적으로 러닝 및 걷기 앱은 챌린지 참여나 커뮤니티를 통한 지인들과의 참여 등을 통해 활용할 수 있다. 교사의 아이디어와 앱의 기능을 잘 연결하면 수업뿐 아니라 다양한 체육관련 행사에도 유용하게 활용할 수 있다. 러닝 및 걷기 앱에는 어떤 것이 있는지에 대해서 알아보자.

Nike Run Club

Nike Run Club은 전 세계적으로 사랑받고 있는 러닝 앱이다. 화면 구성이 직관적이고 쉽게 사용할 수 있으며, 페이스, 시간, 칼로리, 심박수 등의 활동 결과를 이동 경로와 함께 표시해준다. 학생들을 친구로 추가하면 참여한 학생의 활동 결과를 확인할 수 있고, 챌린지를 만들어 여러 학생을 챌린지에 함께 참여시킬 수도 있다. 나이키라는 브랜드의 인지도와 직관적 화면 구성, 활동 결과를 자신의 취향에 따라 세팅하여 활동 결과를 공유하는 기능 등이 있다. android와 iOS 모두 사용이 가능하다.

메뉴 구성(좌측 상단의 ≡ 아이콘 클릭)

① 러닝: 러닝을 바로 시작할 수 있는 화면

② 피드: 앱 내에서 친구와 자신의 활동 인증 화면을 공유

③ 활동: 활동 결과 확인(주, 월, 년 단위)

④ 챌린지: 챌린지 참여 또는 만들기

⑤ 클럽: 친구 추가 및 확인

⑥ 수신함: 나이키에서 전하는 소식 확인

⑦ 설정: 다양한 기능 설정

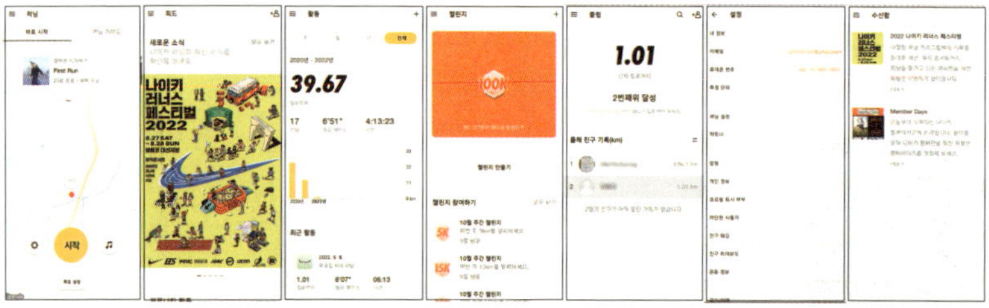

[Nike Run Club 메뉴 구성]

RunDay

RunDay는 국내에서 개발한 러닝 앱이다. 기본적인 러닝 프로그램을 다양하게 제공하고, 크루 기능을 통해 크루 내 구성원들과 달리기 기록을 공유하며 동기부여를 받으며 달리기를 할 수 있는 앱이다. 러닝 앱을 실행하면 음성으로 친절하게 달리는 방법이나 달리는 동안의 정보를 안내 해주고 응원의 멘트도 해 주어서 포기하지 않고 달리기를 지속하는데 도움을 준다. 스마트 워치와의 연동도 가능하다. 챌린지 기능을 통해 학교 단위 체육 관련 이벤트를 개최하여 학생, 교사, 학부모의 참여를 유도할 수도 있다. android와 iOS 모두 사용이 가능하다.

메뉴 구성

① 홈: 다양한 러닝 프로그램 소개 및 참여

② 기록: 활동 결과 확인

③ 메뉴: 마라톤, 스토어, 운동상식, 팁, 오피션 메뉴로 구성하여 각각의 내용 안내

④ 커뮤니티: 크루 만들기, 크루 참여 가능(친구와 같은 크루에서 활동, 서로의 활동 확인)

⑤ 챌린지: 챌린지 참여 또는 만들기

⑥ 기타 설정(우측 상단 프로필 클릭): 운동 피드, 배지, 친구 관리, 초대 링크, 설정, 도움말로 구성

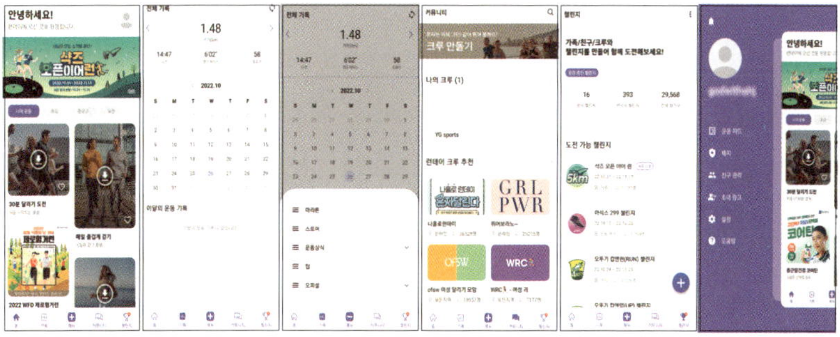

[RunDay]

워크온

워크온은 기존의 러닝 앱과는 다르게 걷기에 최적화된 앱이다. 업을 설치하고 스마트폰이나 앱과 연결된 웨어러블 디바이스를 가지고 걷기 시작하면 앱에서 자동으로 걸음 수를 측정해준다. 걷기 결과뿐 아니라 주로 걷는 시간, 수면 패턴 등도 함께 분석해주는 것이 특징이다.

커뮤니티 기능을 활용하여 멤버를 초대하고 활동하는 방식으로 운영하는 것이 일반적인데, 학급 단위로 커뮤니티를 만들고 학생들을 초대하여 수업에 활용하면 학생들에게 걷기에 대한 동기를 부여하는데 도움을 줄 수 있다. android와 iOS 모두 사용이 가능하다.

메뉴 구성

① 홈: 걷기 결과 확인

② 챌린지: 앱에서 제공하는 챌린지 참여(만들기는 불가)

③ 커뮤니티: 커뮤니티 참여 또는 커뮤니티를 만들고 멤버를 초대하여 활동 결과 공유

④ 내 주변: 지도 및 주변의 걷기 코스 추천

⑤ 기타 설정(우측 상단 ≡ 클릭): 프로필, 나의 활동 분석, 계정 관리 및 기타 설정 등

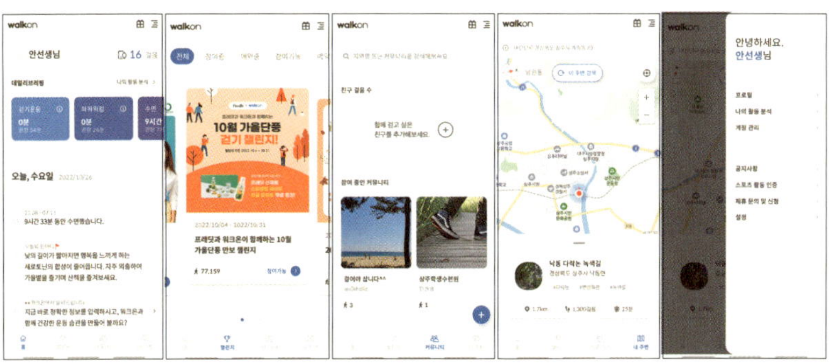

[워크온 메뉴구성]

동작분석 앱

동작분석 앱이 갖춘 기능에는 영상 재생, 역재생, 직선 그리기, 곡선 그리기(자유 그리기), 도형 그리기, 각도 표시하기, 시간 표시하기, 녹화 기능, 두 개의 영상 비교 분석하기 등이 있다. 각각의 프로그램마다 더 갖춘 기능이 있고 덜 갖춘 기능이 있으며, 무료인 제품이 있는 반면, 월에 몇 만 원씩 고가의 비용을 지불해야 하는 경우도 있다. 비싸다고 무조건 좋은 것은 아니고 자신에게 익숙하고 편하게 쓸 수 있으면서 자신이 수업이나 교재 연구를 위해 충분히 구매할 수 있는 합리적인 가격이라 여겨지는 앱이라면 그 앱을 사용하면 된다. 기능이 다소 부족하더라도 무료로 사용 가능한 앱이라면 학교 태블릿이나 학생들의 스마트폰에 설치하여 여러 대의 기기로 수업에 활용할 수 있다. 앱들은 업데이트가 중단되어 사라지기도 하고, 업데이트 되어 더 업그레이드되거나, 새롭게 생겨나기도 한다.(동작분석 앱 중 가장 많이 활용되었던 Coach's eye의 경우 개인적으로 유료 구매를 해서 잘 사용하고 있었는데 갑작스레 업데이트 및 사용 지원이 종료되는 바람에 못쓰게 된 것처럼 아쉬운 경우가 발생한다.) 수시로 이런 앱들을 검색하고 찾아보고 사용해 보면 좀 더 수업에 활용하기 좋은 앱들을 쉽게 찾을 수 있다. 그리고 하나의 앱이 사라질 것을 대비해서 대안으로 사용할만한 앱도 준비를 해두면 더 좋다. 대표적인 동작분석 앱 3가지를 알아보도록 하자.

OnForm(iOS)

OnForm은 iOS용 동작분석 앱이다. 영상을 직접 촬영하거나 갤러리의 영상을 가져와서 분석할 수 있는 동작분석 앱으로 슬로우모션, 영상 비교, 비디오 주석 도구, 영상 녹화, 내보내기 등의 기능을 제공한다. 무료 버전에서도 10개까지는 영상을 분석할 수 있다. 기존에 가장 많이 쓰이던 동작분석 앱은 Coach's eye 앱이었다. 현재는 coach's eye 앱이 없어졌고, 그 대체용으로 사용할만한 앱이 OnForm이다. OnForm은 몸 전체를 촬영한 영상에 대해서는 관절의 위치를 추적해주는 기능이 있어서 골프를 비롯한 다양한 운동 수행 시의 관절의 위치와 각도를 쉽게 확인할 수 있다.

iCLOO(android, iOS)

국내에서 개발된 동작분석 앱이다. 원형의 다이얼을 돌리는 동작을 통해 영상을 앞이나 뒤로 미세하게 조정할 수 있고, 영상 비교, 비디오 주석 도구, 영상 녹화, 내보내기 등의 기능을 제공한다. 무료 버전의 경우 워터마크가 보이기는 하지만 사용에는 큰 지장이 없어 무료로도 충분히 이용이 가능하다.

Virtual Pro(android)

무료 골프 스윙 분석 앱이다. 골프 스윙을 위해 만들어진 앱이기는 하지만 다른 운동 수행에 대한 분석에도 활용이 가능하다. 비디오 주석 도구, 영상 녹화 등의 기능을 제공한다.

비디오 딜레이 앱

비디오 딜레이 앱은 비디오의 재생 시간을 딜레이해서 보여줌으로써 수행 후 이전에 수행했던 동작을 다시 보며 자기 피드백을 받게 해주는 앱이다. 동영상을 촬영하면 자신의 수행 동작을 촬영한 후에 다시 돌려볼 수 있지만 매 수행마다 이런 동작들을 반복하는 것은 무척 번거로운 일이다. 비디오 딜레이 앱은 일정 시간 이후에 자신의 수행 동작이 나타나도록 하는 기능을 통해 이런 번거로운 과정을 줄이고 자신의 수행을 빠르게 다시 볼 수 있게 해준다. 비디오 딜레이 앱의 경우에는 일반적인 동작분석 앱에 비해 앱의 종류가 한정적이다. 그리고 제대로 사용할만한 앱도 찾기가 어려운 편이다. 그럼에도 불구하고 하나쯤은 가지고 있으면 수업에서 학생들이 스스로 자신의 수행을 피드백하는 데 큰 도움을 줄 수 있다.

Bam video delay(ios)

iOS에서만 다운로드 받을 수 있는 비디오 딜레이 앱이다. 4분할을 지원해서 하나의 수행 동작에 대해 최대 4번의 수행 피드백을 제공받을 수 있다. 최대 2분까지 딜레이하여 수행 영상을 볼 수 있다. 개인적으로는 체육대학 진학을 희망하는 학생들이 제자리 멀리 뛰기 연습을 할 때나 수업 중 PAPS 연습 시 자신의 수행을 피드백하는 용도로 4분할 딜레이 기능을 주로 활용했었다.

Video Delay Instant Replay!(iOS, android)

4분할이 지원되지는 않지만 android와 iOS에서 모두 다운로드 가능한 앱이다. 기본적인 비디오 딜레이 기능을 제공한다. 무료 버전에서는 7.6초까지 딜레이하여 수행 영상을 볼 수 있다.

DelayCam(iOS)

iOS용 비디오 딜레이 앱이다. 화면 구성이 직관적이고 깔끔하다. 실시간 화면이 작게 표시되고 큰 화면으로 딜레이 화면을 제공한다. 최대 60초까지 딜레이하여 수행 영상을 볼 수 있고, 영상 녹화도 최대 60초까지 가능하다. 2,500원을 지불하면 업그레이드가 되고 광고 없이 프로그램 사용이 가능하다. 무료로도 충분히 활용이 가능하기 때문에 학교 태블릿이나 학생들 스마트폰에 설치하여 수업 시 자기 피드백 또는 동료 피드백 용도로 활용하기 좋은 앱이다.

Delay Camera

android용 비디오 딜레이 앱이다. 촬영 전 미리 딜레이 시간이나 화질, 카메라 화면 위치(전, 후면), 좌우 반전, 실시간 화면 크기 등을 조절한 후 프로그램을 실행하는 방식이다. 5,500원을 지불하면 영구적으

로 광고 없이 사용이 가능하다고 안내하고 있다. 화면 하단에 광고가 뜨기는 하지만 무료로도 딜레이 화면을 활용하는 데에는 큰 지장이 없다. 무료로 이용 시 딜레이 영상 저장을 위해서는 광고를 봐야 한다. 영상 보기 화면에서 0.1배속~2배속까지 속도 조절이 가능하다. 안드로이드 스마트폰이나 태블릿에 설치하여 수업 시 자기 피드백 및 동료 피드백 제공에 활용이 가능하다.

구글 기반의 에듀테크 도구

코로나 이후 다양한 에듀테크들이 교육 현장에서 활동되었지만, 그 중에서도 나에게는 구글 기반의 에듀테크 도구들이 온라인 수업 상황에서 큰 역할을 담당했다. 그 이유 중 가장 결정적인 이유는 구글 기반의 에듀테크가 가진 연결성과 협업 기반의 특성 때문이다. 구글 기반의 에듀테크는 프로그램 간의 호환성이 좋아서 연결해서 쓰기가 편리하다. 구글 클래스룸 안에서 다양한 구글 도구들을 활용하여 수업을 진행할 수 있고, 구글의 Keep이라는 메모장에서 작성한 내용을 바로 구글 문서로 변환할 수도 있다. 문서 작업을 하면서 구글 미트로 바로 화상 연결을 할 수도 있다. 이런 연결성 때문에 다양한 도구를 필요에 따라 넘나들면서 자유자재로 수업을 진행할 수 있다는 점이 구글 기반의 에듀테크가 가진 장점 중 하나다. 그리고 또 다른 하나는 실시간 협업이다. 구글 도구 중에는 실시간 협업을 지원하는 도구들이 다수 존재한다. 이런 도구들을 활용하여 팬데믹 상황에서 많은 학교의 교사와 학생들이 원거리에서의 온라인을 통한 협업을 경험할 수 있었다. 협동은 모여서만 할 수 있다는 기존의 틀을 깰 만큼 구글의 협업 도구들은 에듀테크가 가진 가능성과 미래 교육의 방향성에 대해서 경험하게 해주었다.

그동안 우리는 윈도우 기반의 수업 및 업무 환경에서 설치 기반의 프로그램들을 사용하여 수업을 준비하고 업무를 추진했다. 로컬 기반의 파일 관리를 했고, 서로 소통하려면 이메일이나 메신저, 내부메일 등을 활용해야만 했다. 학교뿐 아니라 대다수의 기업들이 그런 형태로 업무를 해 나갔다. 그런데 클라우드 기반의 업무 환경이 도입되면서 많은 변화가 일어나기 시작했다. 공유 드라이브를 통해 문서를 공유하면 별도로 메신저나 이메일 등을 통해 파일을 보내지 않아도 되고, 하나의 문서를 실시간으로 협업하면서 업무나 회의를 진행할 수도 있게 되었다. 로컬 기반의 프로그램들이 빠르고 다양한 기능들을 제공하기는 하지만 클라우드 기반의 프로그램들이 가지는 연결성은 비록 기능이 부족할지라도 그 효과가 로컬 기반의 프로그램들을 사용할 때보다 훨씬 뛰어나기 때문에 시대적인 흐름은 로컬 기반에서 클라우드 기반으로 옮겨갈 수밖에 없는 상황이 되었다. 다른 에듀테크들도 구글 기반의 도구들처럼 협업적인 요소들을 강화하는 형태로 업데이트되고 있다. 이처럼 구글의 도구들이 지닌 특성들이 어떤 것인지, 그런 도구들이 수업에서 어떤 역할들을 했는지에 대해서 이야기해 보겠다.

구글 클래스룸(학습 관리 도구)

구글 클래스룸(classroom.google.com)은 구글에서 제공하는 LMS(Learning Management System)이다. 내가 해 온 대부분의 에듀테크 활용 체육 수업도 구글 클래스룸을 기반으로 이루어졌다. LMS는 전체 에듀테크를 활용하는데 편의성을 제공하고 포트폴리오를 차곡차곡 저장해주는 기능을 충실히 수행한다. 오프라인에 각 교실이 존재하듯이 구글 클래스룸에서는 가상의 온라인 공간에 각 교과별 혹은 각 학급별로 교실을 개설할 수 있다. 이 가상의 교실 안에서 교사들은 학생들에게 과제를 제시하고, 학생들의 과제 수행을 확인할 수 있으며 평가까지도 진행이 가능하다. 학생들은 온라인상의 교실에서 자신의 과제를 확인하고, 과제를 수행하며 수행 결과에 대한 피드백을 제공받을 수 있다. 개별 에듀테크 도구들이 아무리 훌륭하다고 해도 학생들이 활동한 결과물이 누적 관리 되지 않으면 그 가치가 떨어진다. 구글 클래스룸은 그런 면에서 학생들이 활동한 결과물을 차곡차곡 저장하여 누적 관리할 수 있는 편리한 공간이다.

[교과별 학급별로 편성된 구글 클래스룸]

구글 클래스룸의 운영 방식

구글 클래스룸의 운영 방식은 교사마다 다양하게 운영이 가능하다. 학급 단위로 개설하고 해당 학급에 교과 교사가 과제를 올리는 방식도 있고, 교과 단위로 개설하여 학생들이 해당 교과 클래스룸에 들어와 과제에 참여하는 경우도 있다. 나의 경우에는 구글 클래스룸을 학급 단위로 개설하여 운영하였다. 각 반 학생들이 자신의 온라인 교실에서 수업에 참여할 수 있고 학급별로 학생들의 참여 결과를 확인하는 것이 더 수월하다고 판단했기 때문이다. 주로 과제를 만들고 만들어진 과제를 학생들에게 안내하여 각자가 수행한 과제물을 구글 클래스룸에 올리는 방식으로 운영을 하였으며, 학급 단위로 클래스룸이 개설되어 있기 때문에 학급 단위로 학생들의 수행 과정이나 결과를 한눈에 확인할 수 있다는 점이 편리해서 이 방식을 사용하였다. 자신에게 편리한 개설 방식을 고민하고, 개설 후 경험하게 될 장점과 단점을 미리 파악한 후에 클래스룸을 개설할 것을 권장한다.

구글 클래스룸의 활용

학급 관리 도구

구글 클래스룸은 말 그대로 구글에서 제공하는 온라인상의 교실을 의미한다. 구글 클래스룸은 학생들과 온라인상에서 서로 소통할 수 있는 효과적인 도구다. 학급 공지를 게시하기도 하고, 학급의 활동 결과를 누적 기록할 수도 있다. 이전에 근무하던 학교에서는 학년별 구글 클래스룸을 만들어 학년 단위로 전달사항을 전달하는 용도로 사용하기도 했다.

교과 교실

개인적으로는 교과 교실이 구글 클래스룸 활용의 가장 적합한 방법이라 생각한다. 각 학년, 각 반별 구글 클래스룸을 개설하고 해당 클래스룸에서 수업과 관련된 활동들을 지속해 나가면서 결과를 누적하고, 학생들의 성장을 지원하는 것이 온라인 교실인 구글 클래스룸의 가장 큰 장점이다. 온라인 수업이 장기화되면서 구글 클래스룸은 교사가 학생들에게 과제를 제공하고, 학생들은 교사에게 과제를 제출하는 공간으로 활용되었다. 구글 클래스룸 안에는 과제를 만들 때 루브릭을 만드는 기능이 있고, 클래스룸 자체 설정 메뉴에 성적 카테고리를 만드는 기능도 있다. 클래스룸의 구조를 잘 활용하면 클래스룸 안에서 이루어지는 활동 기록 자체로 성적을 관리할 수 있다.

동아리방

클래스룸은 동아리 활동을 위한 공간으로도 활용이 가능하다. 동아리 활동을 누적 관리하고, 활동에 대한 소감문 등을 학생들에게 제공하고 그 결과물을 모아두는 용도로 클래스룸을 사용하면 학생들의 활동 포트폴리오를 만들 수 있고, 자기소개를 위한 글 등을 작성할 때 활동 자료를 활용할 수도 있다.

구글 드라이브

구글 드라이브(drive.google.com)는 구글에서 제공하는 클라우드 서비스다. 구글 드라이브는 웹상에서 구글의 다양한 협업 도구들이 원활하게 작동될 수 있는 기초가 된다. 개인이나 모둠이 구글의 다양한 협업 도구들을 활용하여 생성한 결과물들은 구글 클래스룸을 통해 제출되며, 제출된 결과물들은 교사의 구글 드라이브에도 저장된다. 구글 드라이브에서 가장 중요한 개념은 공유의 개념이다. 구글 드라이브에서의 공유를 기반으로 구글에서 제공하는 다양한 협업 도구들도 협업 기능을 수행할 수 있다. 공유 기능을 잘 활용하면 드라이브 내의 파일에 대해서 다른 사용자를 쉽게 접근시키거나 차단시킬 수 있다. 자료를 전달할 때도 링크 하나면 전달할 수 있기 때문에 시간과 용량을 절약할 수 있다. 개인 계정에서는 15GB의 구글 드라이브 용량을 제공한다.

구글 문서

구글 문서(docs.google.com/document)는 마이크로소프트 워드와 유사한 기능을 하는 구글의 협업 도구다. 주로 개인 활동지 작성을 하거나, 협업으로 하나의 자료집 등을 만들 때 활용하면 유용하다. 선생님들끼리 회의를 할 때에 하나의 구글 문서를 두고 협업을 하면 동시에 내용을 채워 넣을 수 있어 불필요한 시간 낭비를 줄일 수 있다.

농구 교과서 만들기 수업 시 활용했던 구글 문서를 공유한다. QR코드 접속 후 해당 문서의 파일-사본 만들기 기능을 통해 사본을 만들어 활용하면 된다.

[구글 문서 농구 교과서 사본]

구글 프레젠테이션

구글 프레젠테이션(docs.google.com/presentation)은 마이크로소프트 파워포인트와 유사한 기능을 지닌 구글의 협업 도구다. 협업 프로젝트 과제를 할 때 구글 프레젠테이션은 유용하게 활용된다. 그리고 강의나 연수 등을 진행할 때도 유용한데 PC가 바뀌어도 폰트가 깨지지 않고 그대로 유지된다는 것과 인터넷이 가능한 환경, 아이디와 비밀번호만 있으면 어디서든 강의자료를 동일한 형태로 보여줄 수 있다는 점이 큰 장점이다.

태권도 문제 만들기 프로젝트 수업 시 사용한 구글 프레젠테이션의 사본을 공유한다. QR코드 접속 후 해당 문서의 파일-사본 만들기 기능을 통해 사본을 만들어 활용하면 된다.

[태권도 문제 만들기 프로젝트 사본]

구글 스프레드시트

구글 스프레드시트(docs.google.com/spreadsheets)는 마이크로소프트 엑셀과 유사한 기능을 지닌 구글의 협업 도구다. 개인적으로 경험한 스프레트시트의 가장 강력한 기능은 협업을 통한 공동 문서 작업 기능이다. 학교에서 근무하다 보면 다양한 조사를 위한 엑셀 양식이 공문으로 내려올 때가 있다. 이런 공문이 올 때마다 업무용 메신저로 선생님들에게 엑셀 파일을 뿌리고 작성을 요청한다. 요청된 문서를 작성한 선생님들은 다시 그 엑셀 파일을 업무 담당 선생님에게 전달하고, 업무 담당 선생님은 파일을 보내 준 선생님의 수만큼 엑셀 파일의 내용을 복사하고 붙여넣기를 반복한다. 이런 과정이 번거롭고 비효율적이라는 것은 누구나 공감할 것이다. 그런데 구글 스프레드시트를 이용하면 그 중간 과정이 아예 생략된다. 공문으로 받은 엑셀 파일을 구글 드라이브에 올려 변환하거나 엑셀 파일 그대로 링크를 따서 메신저로 보내면 선생님들이 그 링크 안의 구글 스프레드시트에 내용을 입력한다. 입력된 내용을 확인한 담당 교사가 해당 파일을 다운로드한 후에 기안을 올려 발송하면 끝이다. 이렇게 번거로운 중간 과정을 한 번에 줄여주는 것만으로도 구글 스프레드시트는 교사에게 고마운 존재다.

수업에서도 구글 스프레드시트를 활용하면 학생들이 자신의 성장을 한눈에 보면서 수업에 참여할 수 있다. 체육 수업의 경우 학생들의 참여 결과를 꾸준히 기록하게 하고, 이 기록이 차트 형식으로 나타나게 학생 기록지를 만들어두면 성장을 확인하면서 수업에 참여하게 할 수 있다.

줄넘기 온라인 수업 시 사용한 자기 성장 기록용 구글 스프레드시트의 사본을 공유한다. QR코드 접속 후 해당 문서의 파일-사본 만들기 기능을 통해 사본을 만들어 활용하면 된다.

[줄넘기 자기 성장 기록표 사본]

구글 스프레드시트에는 add on 이라는 기능이 있는데 이 기능은 구글 스프레드시트 자체에 없는 기능을 추가하여 구현해주는 도구다. 내가 가장 유용하게 사용했던 구글 스프레드시트의 add on은 'Autocrat'이다. Autocrat은 학생들이 구글 설문지로 이메일 주소를 포함한 설문 응답을 하게 되면 학생의 이메일로 수료증을 자동으로 보내주는 기능을 제공한다. 학기 초나 학기 말에 학생들과 정서적인 교류를 하고 싶다면 한 번쯤 활용해보면 좋은 기능이다. 이전에 만들어 둔 Autocrat 활용 수료증 제작 영상을 QR코드로 공유한다. 처음 볼 때는 다소 어려워 보일 수도 있지만 차근차근 따라서 제작하면 학생들에게 멋진 수료증을 선물함으로써 신기하고 의미 있는 경험을 제공해 줄 수 있다.

[Autocrat 사용법 안내 유튜브 영상 QR코드]

구글 설문지

구글 설문지(docs.google.com/forms)는 손쉽게 설문지를 제작하고 결과를 디지털로 받아볼 수 있는 도구다. 설문지를 활용하면 다양한 조사를 손쉽게 할 수 있다. 그리고 입력된 정보를 구글 스프레드시트(표 형식)로 변환하여 볼 수도 있다. 아래 QR코드로 2020년 학기초 학생들의 선수학습 파악을 위해 만들었던 설문지 양식을 공유한다. QR코드 인식 후 QR코드 안의 링크를 클릭하고 자신의 메일 주소로 인증(스마트폰에서 하나의 메일을 쓰는 경우에는 자동으로 넘어가는 경우도 있다.)을 하면 자신의 구글 드라이브에 사본으로 제공된 설문지 양식을 볼 수 있다. 설문지는 객관식 문항과 단답형 문항이 주로 사용되고, 질문에 따라 다른 페이지로 이동하게 되는 섹션 이동 기능도 유용하게 활용된다. 해당 설문지를 용도에 맞게 수정하여 학기 초 학생들에 대해 기초 자료를 조사하는데 활용하면 된다.

학기 초 선수학습 파악을 위한 설문지 양식(종목: 태권도, 배구)의 사본을 공유한다. QR코드 접속 후 사본 만들기를 클릭한 후 자신의 구글 드라이브를 확인하면 설문지의 사본이 저장된 것을 확인할 수 있다.

[선수학습 파악을 위한 설문지 사본]

구글 미트

구글 미트(meet.google.com)는 구글에서 제공하는 화상회의 프로그램이다. 구글 계정만 있으면 사용이 가능하고 시간제한이 없다. 다양한 구글의 도구를 활용하면서 실시간으로 화상회의에 연결이 가능하다는 것이 장점이다.

유튜브

유튜브(youtube.com)는 구글이 서비스하는 동영상 공유 플랫폼이다. 아마 수업에서 가장 많이 쓰이는 플랫폼이지 않을까 싶다. 유튜브로는 수업에서 할 수 있는 것들이 정말 많다. 영상을 찾아서 학생들에게 링크로 제공해 줄 수 있고, 선생님이 직접 촬영한 영상을 업로드하여 LMS 등에 탑재하여 학생들에게 제공함으로써 수업 자료로 활용할 수도 있다. 각종 학교 행사를 실시간으로 스트리밍하여 송출할 수 있고, 송출 후에 자동으로 유튜브 플랫폼에 저장시켜 공유할 수도 있다. 재생목록 기능을 활용해서 해당 수업에 필요한 영상을 하나로 묶어서 학생들에게 제공할 수 있고, 학생들에게 시청 영상에 댓글을 달게 함으로써 학생들의 참여 여부와 참여 시간을 확인할 수도 있다. 유튜브는 쉽게 생각하면 영상에 특화된 무제한 용량의 클라우드라고 생각하면 된다. 영상 자료 활용 시 전체 공개, 비공개, 미등록 등으로 구분하여 영상의 공개 범위를 설정할 수 있기 때문에 필요에 따라 다양하게 활용할 수 있다.

영상 편집용 앱

Vrew

Vrew(vrew.voyagerx.com)는 인공지능 기반으로 영상 속 음성을 분석하여 텍스트로 변환해주는 프로그램이다. Vrew를 활용하여 영상에 자막을 넣는데 많은 시간을 절약할 수 있었다. 참고로 Vrew를 개발한 회사의 대표는 세이클럽을 개발한 남세동 대표다. 딥러닝에 대한 관심과 노력을 기반으로 Vflat 이라는 스캔 어플도 개발하였고, 다양한 딥러닝 기반의 앱을 개발 중이다. Vrew는 카카오톡 채팅방을 통해 사용자의 불편을 접수하고 해결 방법을 제공해주는 서비스도 적극 제공하고 있다. 기존에는 PC와 iOS에서만 사용가능했으나, android용 앱까지 나오면서 다양한 기기에서 제약 없이 편리하게 사용할 수 있게 되었다.

VLLO

VLLO는 초창기 VIMO 라는 이름으로 나온 스마트폰용 영상 편집 프로그램인데 android와 iOS에서 모두 사용이 가능하고 사용법이 매우 직관적이고 간편하다.

자료 제작 도구

미리 캔버스

미리 캔버스(miricanvas.com)는 포스터 제작 등에 활용가능한 사이트다. 프레젠테이션 자료, 로고, 배너, 카드뉴스, 유튜브 썸네일 등을 짧은 시간에 그럴듯하게 만들어 주는 도구로 학교 현장에서는 수업자료, 동아리 포스터, 강의자료 등을 만드는 데 주로 활용되고 있다. 국내에서 개발된 프로그램으로 디자인이 친화적이고 사용법이 매우 직관적이어서 처음 쓰더라도 쉽게 사용이 가능하다. 완성된 결과물을 pdf나 사진 파일 형태로 다운로드 받아 활용이 가능하며 필요한 경우에는 비용을 지불하고 인쇄물로 제작할 수도 있다. 공유 기능을 통해 문서를 다른 사람과 공유할 수 있다.

Canva

Canva(canva.com)는 미리 캔버스와 마찬가지로 프레젠테이션 자료나 로고, 배너, 유튜브 썸네일 등을 제작할 수 있는 사이트다. Canva는 구글의 협업 툴처럼 공유 및 협업이 가능하다. 하나의 파일을 여러 사림이 동시에 접속하여 작업할 수 있다는 점이 장점이다. ChatGPT의 등장 이후 Canva에도 다양한 AI 기능이 포함되었다. 이미지를 생성하거나 프롬프트를 입력하면 내용을 생성해주는 기능을 활용하면 Canva 안에서 기존의 장점에 더해 더 많은 것들을 창조해 낼 수 있다.

Adobe Express

Adobe Express(new.express.adobe.com)는 Adobe에서 무료로 제공하는 디자인 제작 도구다. 미리 캔버스나 캔바와 마찬가지로 프레젠테이션 자료나 로고, 배너, 유튜브 썸네일, sns 스토리 등을 제작할 수 있다. Adobe 제품은 대부분 유료인데 이 제품의 경우에는 누구든 사용할 수 있게 무료로 제공하고 있으며, 새로운 AI 기능도 일부 포함되어 있어 자료 제작에 활용하기 편리하다.

저작권 걱정 없는 무료 이미지 사이트

픽사베이(Pixabay)

픽사베이(pixabay.com)는 무료로 활용할 수 있는 고화질의 이미지를 제공하는 사이트다. 사진, 일러스트, 벡터, 비디오, 음악, Sound Effects, GIF라는 다양한 형태의 자료들을 무료로 제공한다.

언스플래시(Unsplash)

언스플래시(unsplash.com)는 픽사베이와 마찬가지로 무료로 활용할 수 있는 고화질의 이미지를 제공하는 사이트다.

프리픽(Freepik)

프리픽(kr.freepik.com)도 픽사베이와 마찬가지로 무료로 활용할 수 있는 사진, 벡터, 비디오, 폰트 등의 다양한 형태의 자료들을 무료로 제공한다.

무료 아이콘

flaticon

flaticon(flaticon.com)은 다양한 무료 아이콘을 제공하는 사이트다.

ICONFINDER

ICONFINDER(iconfinder.com)는 FLATICON과 마찬가지로 다양한 무료 아이콘을 제공하는 사이트다.

ChatGPT 등의 LLM(거대 언어 모델)

책의 내용을 수정 및 보완하면서 꼭 추가해야겠다고 생각한 부분이 바로 ChatGPT 등의 LLM에 대한 내용이다. LLM에 대해 잠시 이야기를 꺼내 보려고 한다. 1쇄에서는 실리지 않았지만 1쇄 출간 이후 가장 뜨거운 관심을 불러 일으켰던 기술이라 비켜갈 수 없어 간략하게나마 내용을 실어야겠다는 생각이 들어 한 꼭지를 채워보고자 한다. 우리가 흔히 알고 있는 ChatGPT는 LLM(거대 언어 모델)의 하나이다. ChatGPT 등장 이전에도 인공지능은 우리 삶의 다양한 영역에서 적용되어 왔다. 그러나 과거의 인공지능이 무언가를 인식하고 분석하는 데 초점이 맞추어져 있었다면 ChatGPT 등장 이후의 인공지능은 생성에 초점이 맞추어져 있다. 그 시작은 텍스트였고, 점차 이미지와 음성, 영상의 영역으로 확장되고 있다. 2023년을 기점으로 많은 분야에서 이러한 LLM 기술을 적용하려는 움직임이 크게 나타나고 있다. 그리고 대중에게 그 시작을 알린 것이 ChatGPT다. ChatGPT가 거대 언어 모델 중의 하나임에도 불구하고, ChatGPT를 통해 LLM에 대한 이해가 시작되었다는 점에서 통상적으로 LLM을 ChatGPT라고 부르는 경우도 많은 것 같다. 실제로는 ChatGPT 외에도 구글의 Bard나 마이크로소프트의 Bing chat, 네이버의 클로바X, 뤼튼, AskUp 등 다양한 LLM이 존재하고 저마다의 장점과 단점을 지니고 있다. 한 번씩은 사용해 보면서 LLM이 어떤 것이고, 교육에는 어떤 방식으로 활용될 수 있을지 직접 경험하고 생각해 보는 시간을 가지면 좋겠다. ChatGPT의 등장으로 인해 여러 분야에서 많은 변화가 일어나고 있고, 혼란을 겪는 분야도 적지 않다. 교육 분야도 여기에 있어 예외일 수 없다. 적어도 LLM이 어떤 것인지는 알고 있어야 하고, 활용해야 할지 말아야 할지에 대한 부분도 고민해봐야 할 것 같다. LLM의 등장을 스마트폰의 등장과 빗대어 표현하는 사람들도 있다. 그만큼 그 변화가 거대하다는 의미다. 체육 교사들에게 LLM이 어떻게 사용될 수 있을까를 고민해 보았다. 다음과 같은 방식으로 활용이 가능할 것 같다는 생각이 들었다.

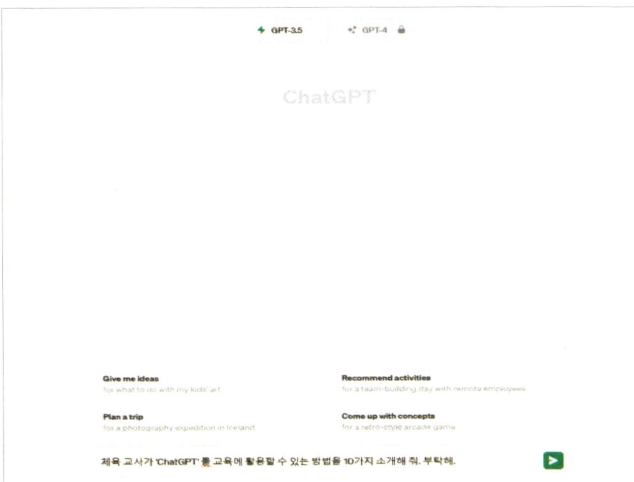

[프롬프트 입력 장면]

ChatGPT에게 "체육교사가 'ChatGPT'를 교육에 활용할 수 있는 방법을 10가지 소개해 줘. 부탁해."라고 물어보니 위와 같은 답변들을 제공해 주었다. 여기에 추가 질문을 통해 답변을 좀 더 정교화 해 보았다.

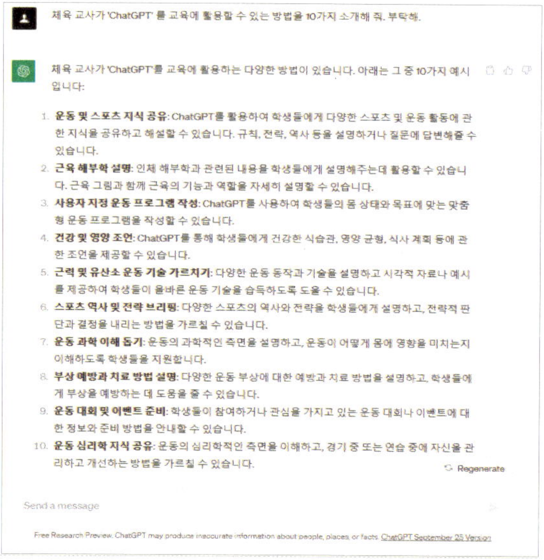

[ChatGPT 3.5 모델의 답변]

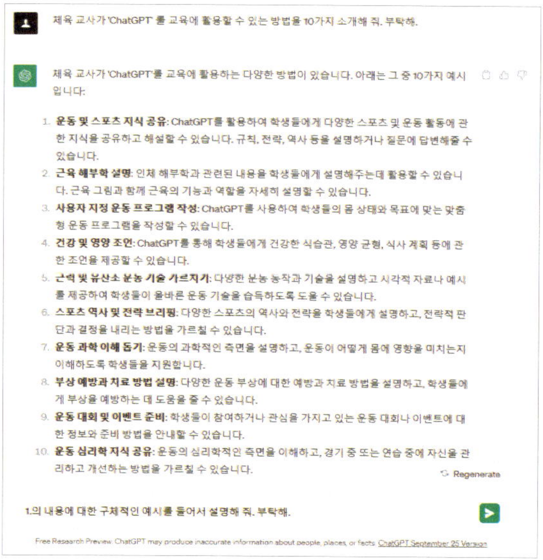

[추가적인 질문하기]

이에 대해 ChatGPT는 어떤 식으로 질문을 해야 할지에 대한 예시까지 안내해주며 사용법을 설명해 주었다. 질문의 정확성과 깊이에 따라서 ChatGPT에서 얻을 수 있는 지식의 내용도 그 양과 질이 달라진다. 다양한 질문을 던져보면서 ChatGPT를 교육에 활용해 본다면 많은 부분에서 교사의 수월성과 효율성이 확보될 것이라 생각된다.

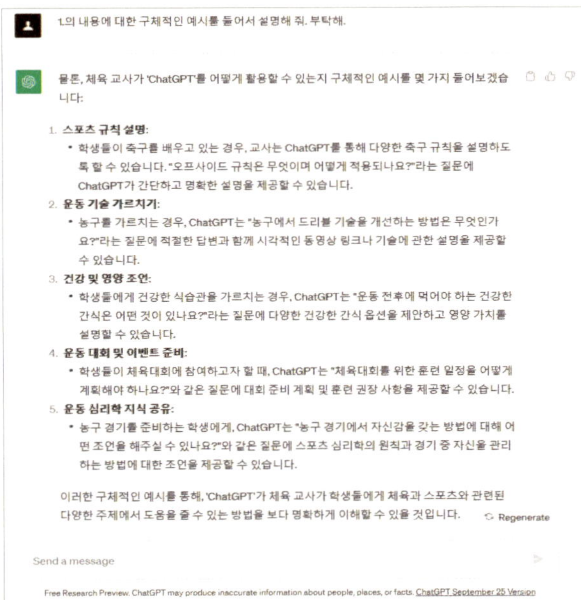

[추가 질문에 대한 ChatGPT의 답변]

다만, ChatGPT와 같은 LLM은 환각 증세(Hallucination)라는 것을 나타내는데, 진실이 아닌 것을 진실인 것처럼 꾸며서 표현하기도 하기 때문에 사용하는 교사가 해당 내용을 잘 정제하여 사용하는 2차 확인 작업이 필요하다. 그리고 LLM에 의존하게 되었을 때 교사나 학생 모두 어떤 사고의 시작 단계에서 겪게 되는 '바람직한 어려움'을 겪지 않음으로써 생기는 사고 과정에서의 문제점도 생길 수 있기 때문에 기존의 방식과 새로운 LLM을 활용하는 방식의 균형을 찾는 과정이 필요할 것 같다. 다양한 LLM을 사용해 보면서 교사에게 어떤 식으로 도움이 될지에 대해 스스로 생각해 본 내용들을 공유한다.

[체육 교사의 LLM 활용 방법 예시]

1. 평가를 위한 루브릭 작성	
프롬프트: 너는 열정 가득한 15년차 체육교사야. 축구 수업 중 활용할 루브릭을 작성해 줘. 평가 종목을 드리블, 패스, 슛이야. 각 평가항목에 대해 분석적 채점을 적용해 A, B, C의 3단계로 평가 단계를 설정하고 내용을 표 형식으로 작성해 줘. 부탁해.	
2. 수업지도안 설계	
프롬프트: 너는 열정적인 15년차 체육교사야. 축구 경기 기능 수업을 위한 지도안을 작성하려고 해. 수업할 내용은 축구의 패스, 드리블, 슛, 그리고 경기 참여야. 4가지의 키워드를 기반으로 12차시 분량의 수업지도안을 설계해 줘. 부탁해.	
3. 수업 아이디어 구상	
프롬프트: 너는 열정적인 15년차 체육교사야. 중학교 2학년을 대상으로 축구를 주제로 체육수업을 진행하려고 해. 학생들이 축구를 어려워 하지 않고 즐겁게 참여할 수 있는 아이디어 10가지만 제시해 줘.	

4. 공문서 및 가정통신문 초안 작성

프롬프트: 너는 열정적인 15년차 중학교 체육교사야. 학교에서 '00 체육 체험 한마당'이라는 제목으로 스포츠 행사를 개최하려고 해. 참가학생들의 동의를 받을 수 있도록 학부모님을 대상으로 가정통신문 초안을 작성해 줘.

5. 생활기록부 작성 보조 도구로 활용

프롬프트: 다음의 내용을 바탕으로 학생들의 생활기록부 체육 교과 세부능력 특기사항을 작성해 줘. "순발력과 민첩성이 뛰어나 구기 종목에서 두각을 드러냄, 친구들을 배려하고 팀 플레이 시 의사소통을 원활히 함, 다소 승부욕이 강하여 친구들과 갈등을 일으킴, 갈등 과정을 잘 극복하고 팀 내 협력을 통해 좋은 경기 결과를 만들어 냄."

6. 체육대회, 축제 등 행사 아이디어 구상

프롬프트: 너는 열정적인 15년차 중학교 체육교사야. 학생들과 함께 하루 동안 진행할 체육대회를 준비하려고 해. 체육대회 계획서를 작성해 줘. 학생들이 협동하며 즐겁게 참여할 수 있는 종목들을 포함해서 시간 계획을 포함해서 표 형식으로 작성해 줘. 시작 시간은 오전 9시, 종료 시간은 오후 3시야. 부탁해.

7. 다양한 계획 수립 시 초안 작성

프롬프트: 너는 열정적인 15년차 체육교사야. 중학교 1학년 학생들을 대상으로 한 스포츠 시설 현장체험학습 계획을 세우려고 해. 일시, 장소, 세부 추진 계획, 안전 관리 계획 등을 포함하여 계획서를 작성해 줘.

8. 특정 교육적 지식에 대한 큰 틀에서의 방향 찾기

프롬프트: 너는 열정적인 15년차 중학교 체육교사야. 체육수업에서 학생들이 주도성을 가지고 수업에 참여하면서 예측하기 어려운 문제 상황에 대한 문제해결력을 키울 수 있게 하려면 어떻게 해야 할지 알려줘.

9. 스프레드 시트로 학생 평가 활동지 제작 시 필요한 함수식 요청	
프롬프트: 체육 수행평가를 위한 평가지를 구글 스프레드 시트로 제작하려고 해. 학생들의 배구 토스 수행 개수가 0개 일 때 0점, 1개일 때 2점, 2~4개일 때 4점, 5~6개일 때 6점, 7~8개일 때 8점, 10개 이상부터는 10점을 부여하는 함수식을 작성해 줘. 개수는 B2 셀에 입력될 거야.	
10. 해당 분야 관련 서적 집필	
프롬프트: 체육교육에 있어서 경쟁과 협동의 의미에 대해서 책을 쓰려고 해. 체육교육을 통해 배울 수 있는 경쟁과 협동의 의미를 잘 설명할 수 있도록 목차를 구성해 줘. 부탁해.	
11. 생활지도 및 상담 시 활용	
프롬프트: 너는 열정적인 15년차 중학교 체육교사이고, 생활지도 업무를 10년 동안 맡아서 해오고 있어. 체육 수업 중에 계속 집중을 하지 못하고 의욕 없이 누워 있는 학생이 있어. 이 학생이 체육수업에 잘 참여할 수 있도록 도와주는 방법이 없을까? 좋은 의견 부탁해.	

[ChatGPT와 더불어 활용 가능한 다양한 LLM 예시]

ChatGPT 외에도 다양한 LLM들이 존재한다. 각 LLM의 특성을 알고 다양하게 활용하면 보다 정확하고 유용한 결과를 생성할 수 있다.

1. Microsoft Bingchat
2. Google Bard
3. CLOVA X
4. 뤼튼(wrtn)
5. Ask Up(카카오톡 채널)
6. GetGPT
7. Claude
8. 웍스AI

[텍스트 기반 이미지 생성 AI 예시]

LLM은 점차 발전하고 있고, 이미지, 음성, 영상 등 다양한 결과물을 생성해내는 방향으로 발전하고 있다. 기존의 이미지 생성 프로그램들은 점차 인공지능을 적용한 이미지 생성 기능을 추가하고 있다.

1. Midjourney
2. DALL-E
3. Bing Image Creator
4. Adobe Firefly
5. Canva
6. 미리캔버스

[ChatGPT의 효율적 사용을 위한 크롬 확장 프로그램]

프롬프트 지니

ChatGPT 사용 시 질문을 영어로 번역해 주고, 답변도 한글로 번역해 주는 확장 프로그램이다. ChatGPT가 학습한 데이터는 한글보다 영어가 압도적으로 많기 때문에 영어로 질문을 했을 때 보다 양질의 데이터를 얻을 수 있다. 프롬프트 지니를 설치하고 질문을 하면 자동 번역된 질문을 통해 보다 양질의 답변을 얻을 수 있다.

WebChatGPT

웹 검색을 통해 최신 정보를 적용해 ChatGPT의 답변 결과를 향상시키는 확장 프로그램이다. ChatGPT는 기존에 학습된 데이터(2021년 9월까지)를 기반으로 답변을 제공하기 때문에 최신 정보에 대해서는 답변을 얻기 어렵다. WebChatGPT를 적용하면 이런 한계점을 보완할 수 있다.

여기서는 ChatGPT를 예로 들었지만, LLM은 ChatGPT가 아니더라도 다양한 프로그램을 통해 사용해 볼 수 있다. 그리고 마이크로소프트나 구글의 경우에는 문서 작성 도구에 LLM의 기능을 추가하여 업무에도 도움을 주는 방안도 구체적으로 적용해 나가고 있다. 많은 분야에서 LLM을 적용한 아이디어들이 쏟아져 나오고 있는 만큼 교육에서도 이를 잘 활용할 수 있는 방법에 대해 교사가 먼저 경험하고 고민해 볼 필요가 있다. 처음 시작은 어렵지만 하나, 둘 사용하다 보면 익숙해지니 알게 되었을 때 꼭 한 번씩 사용해 보시길 추천해 드린다.

에필로그

지금까지 에듀테크를 좋아하는 체육 교사로 살면서 내가 시도해 본 수업 사례들과 나름 유용하다고 생각하는 에듀테크의 활용 방법에 대해서 이야기 해 보았다. 두서도 없고 깊이 있는 전문성도 없이 써 내려간 글이 부끄럽지만, 선생님들에게 작은 도움이 되었기를 바란다. 어떤 선생님들은 책을 읽고 나서 에듀테크 활용 수업이 별것 아니라는 생각이 들어 쉽게 접근할 수 있는 용기가 생길 수도 있고, 어떤 선생님들은 내 길이 아닌 것 같다는 생각에 기존의 방식을 유지하실 수도 있다. 정답은 없는 것 같다. 나 또한 이렇게 에듀테크 활용을 즐겁게 하고 있지만, 매 순간 정답이 맞는지에 대하여 고민하고 돌이켜보는 과정을 반복하고 있다. 다만, 조금이라도 에듀테크를 활용한 수업에 관심이 생겼다면 작은 경험에서부터 시작해서 성취감을 조금씩 경험하면서 실력을 쌓아가시기를 추천드린다. 분명 경험하기 전과 조금은 달라진 수업과 삶을 경험하실 수 있을 것이다.

책 앞부분에 학생들의 정서와 에듀테크가 어떻게 관련되어 있는지에 대해 이야기했다. 내가 처음 에듀테크를 활용해서 수업을 해야겠다고 마음먹은 계기는 학생들에게 어떤 긍정적인 정서를 경험시켜줄 수 있을지에 대한 고민에서 시작되었다. 에듀테크를 활용하며 수업을 하지만 에듀테크는 학생들의 긍정적 정서 경험과 배움 제공을 위한 유익한 도구 그 이상도 이하도 아니다. 본질이 아닌 도구라서 필요

없는 것이 아니라 이 편리한 도구를 통해 본질이 되는 학생들과의 만남이 좀 더 친밀해지고 의미 있게 되는데 도움을 줄 수 있다면 에듀테크는 더할 나위 없는 유익하고 필요한 도구가 될 수 있을 것이라 생각한다. 인공지능을 연구하는 사람들은 인공지능 연구를 통해 인간에 대해 더 깊이 이해하고 있다고 말한다. 결국에는 디지털을 추구하는 과정에서 우리는 아날로그적인 인간을 더 잘 이해하는 존재가 되어가는 것은 아닐까 생각해본다. 학교 현장에서 에듀테크가 학생과 교사의 삶을 연결하고, 학교 안과 밖의 삶을 연결하여 긍정적인 정서를 경험하게 하는 좋은 도구가 되기를 바란다.

이대로 책의 부족함을 남겨두는 것이 아쉬워 조금이라도 더 많은 배움을 나누고자 하는 체육 교사들에게는 오픈채팅방에서 배움을 이어가기를 권해본다. 아래의 QR코드에 접속하면 저자를 비롯한 체육 교사들과 소통할 수 있는 오픈채팅방으로 입장할 수 있다. 관심 분야에 대해서 대화를 나누고 수업과 교사의 삶에 대해 소통하고 싶은 체육 교사라면 참여를 적극 환영한다. 꼭 체육 교사가 아니라도 에듀테크를 활용한 수업에 관심이 있는 누구라도 참여해도 좋다. 책을 통해 시작된 인연이 오픈채팅방을 통해 연결되어서 나와 선생님들의 삶에 서로 도움이 되었으면 하고 책에서 미처 다루지 못한 영역에 대한 지식과 정보가 공유되고 더 확장될 수 있었으면 한다.

[미래체육 오픈채팅방 QR코드]

선생님들에게 마지막으로 작은 선물 하나를 드리고자 한다. 학생들에게 학기 마지막 설문을 통해 준 선물이다. 책을 끝까지 읽은 선생님들께 감사하며 기쁜 마음으로 선물을 준비했다. 아래의 QR코드를 통해 설문에 참여해 주기 바란다. 참여할 때는 자신이 주로 사용하는 이메일 주소를 함께 입력해야 한다. 짧은 설문이지만 진심을 담아서 참여해 주시기 바란다. 설문을 모두 작성한 후에 자신이 입력한 이메일에 접속하면 작은 선물이 도착해 있을 것이다. 대단한 건 아니지만 선생님들에게 기분 좋은 선물이 되었으면 좋겠다. 끝까지 책을 읽어 주어 진심으로 감사드린다. 선생님들의 행복한 미래를 응원한다.

[선물 수령을 위한 설문 참여 QR코드]

저자 소개

안형진

경상북도에서 체육 교사의 삶을 살고 있다. 에듀테크의 교육적 활용에 관심이 많아 구글 공인 교육자 레벨 1, 2와 트레이너 자격을 취득하고, 체육 수업에서 다양한 에듀테크를 활용하는 수업을 시도하고 있다. 경상북도교육청 교실수업나눔교사단에서 활동 중이며, 2020년과 2021년 경상북도교육청 수업선도교사로 인증받았다. 스포츠 인성 동아리인 미인체육(미래인성체육교육) 동아리 회장으로 활동 중이며, 구글 공인 교육자 그룹인 GEG(Google Educator Group) Gyeongbuk에서 Share Captine으로 활동하며 공유와 나눔을 실천 중이다. 에듀테크 활용 체육 수업에 대한 노력을 인정받아 2021년 학교체육대상 에듀테크 적용 부문에서 수상하였다.

사람이 가지는 감정에 대한 이해를 위해 교육대학원에서 상담심리를 전공하였고, 체육 수업에서 경험하는 학생들의 정서를 중요하게 생각한다. 새로운 분야에 대한 배움을 좋아하고 일상의 경험을 수업과 연결시키는 것을 의미 있게 생각한다. 새로운 배움 앞에 늘 망설이고 걱정하지만 경험을 쌓을 때마다 성장하고 있음에 감사함을 느끼며 하루하루 행복한 교사의 삶을 이어가고 있다.

e-mail: godwithhj@naver.com
유튜브: youtube.com/godwithahj

체육 교사의 좌충우돌
에듀테크 활용 수업 이야기

2022년 12월 15일 1판 1쇄 발행
2024년 12월 15일 1판 3쇄 발행

저 자 : 안 형 진
발행자 : 한 정 주
발행처 : 교 육 과 학 사

경기도 파주시 광인사길 71
전화 (031)955-6956~8/팩스 (031)955-6037
Home-page: www.kyoyookbook.co.kr
E-mail: kyoyookbook@daum.net
등록: 1970년 5월 18일 제2-73호

저자와의 협의하에 인지생략

낙장 · 파본은 교환해 드립니다. **정가 16,000원**
Printed in Korea. ISBN 978-89-254-1744-8